BASTEI
LÜBBE

PETER PIONKE

BAP

jraduss

Die Geschichte
der erfolgreichen Rockband

BASTEI
LÜBBE

BASTEI-LÜBBE-TASCHENBUCH
Band 61 184

Erstveröffentlichung

Printed in West Germany, Oktober 1990
Einbandgestaltung: Roberto Patelli, Köln
Titelfotos: Gert Hoogeboom, Fryderyk Gabowicz
Satz: Kremerdruck GmbH, Lindlar
Druck und Bindung: Ebner Ulm
ISBN 3-404-61184-5

Der Preis dieses Bandes versteht sich
einschließlich der gesetzlichen Mehrwertsteuer.

»Wir, die Musiker von BAP, grüßen alle Leser dieses Buches. Wir würden uns freuen, Euch bei irgendeinem Konzert unserer nächsten Tournee zu treffen.«

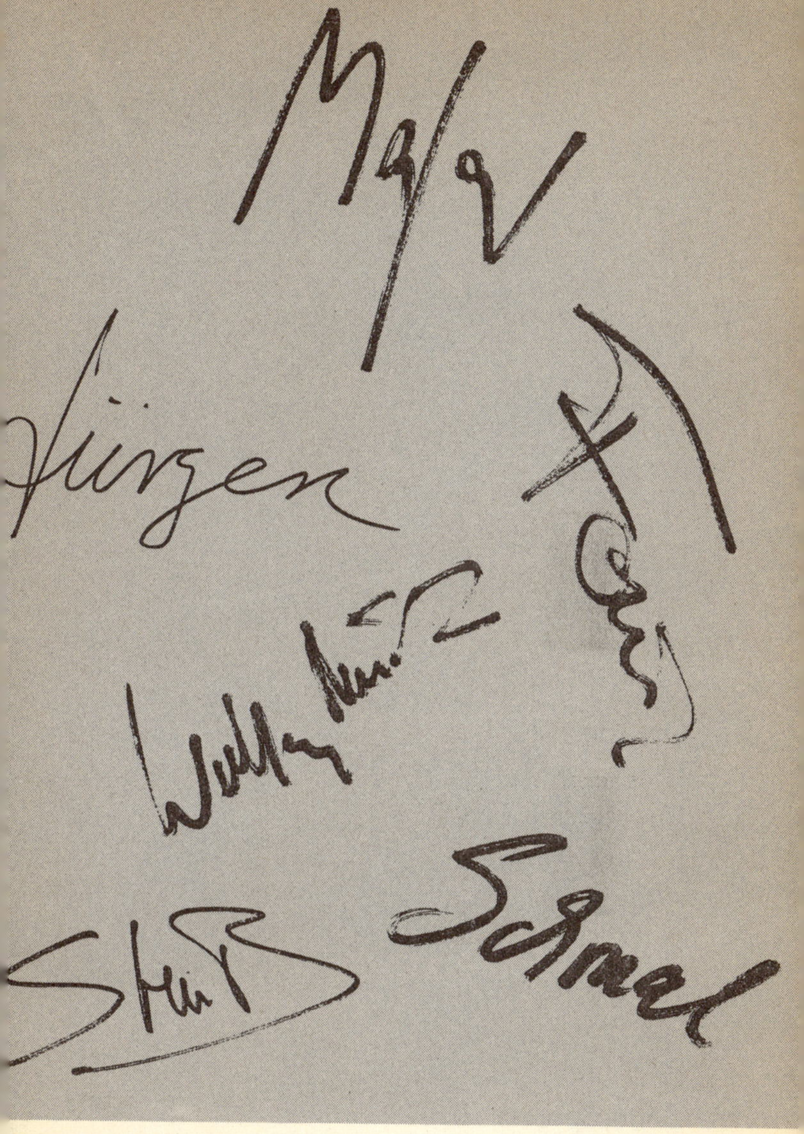
Jürgen

Inhalt

Wolfgang Niedecken im »Basement«, 1979

Vorwort

BAP ist das größte Phänomen der deutschen Rock-Szene. Von Flensburg bis Passau spielten die Kölner vor ausverkauften Hallen.
Dabei hat die Musik der Kölner Band eigentlich gar nichts Innovatives. BAP stehen für schnörkellosen, ehrlichen Geradeaus-Rock, der sofort ins Ohr geht. Doch die Texte von Band-Boß Wolfgang Niedecken treffen offenbar haargenau den Nerv zigtausender deutscher Musikfans.
Und das, obwohl die meisten die kölschen

Worte des Südstadt-Poeten gar nicht verstehen können. Aber wahrscheinlich spüren die Fans, daß da ein Star, der gar kein Star sein will, sein Innerstes nach außen kehrt, sagt, was er fühlt. Ein Künstler, der auch persönliche Niederlagen zugibt.
Niedecken, das Multitalent, hat sich selbst nie nur als Musiker gesehen. Er präsentiert sich auch auf der Bühne als politischer Mensch, bezieht Stellung, schreit seine Meinung heraus. BAP ist mehr als eine Band, BAP ist fast schon ein Lebensgefühl. Ein Lebensgefühl, das sich für Niedecken & Co. allerdings auch in barer Münze auszahlt. Denn auch die neunte BAP-LP »X für e' U« wird mit Sicherheit schon wieder vergoldet sein, bevor sie überhaupt auf den Markt kommt.

Die Idee

Ein Poet war Wolfgang Niedecken schon immer. Mit der Klampfe unterm Arm zog der kölsche Bob Dylan durch die Südstadtkneipen, sang seine selbstkomponierten zeitkritischen Lieder. Mit Rock-Musik hatte der damals 25jährige dagegen noch nicht viel im Sinn. Das sollte sich aber 1976 schlagartig ändern. Wolfgang Niedecken und »Schmal« Boecker, die sich auf der Kunsthochschule kennengelernt hatten, beschlossen aus einer Kölsch-Laune heraus, eine Rock-Band zu gründen.

Die Urbesetzung: BAP 1980

Zunächst tat sich nicht viel. Nur ganz langsam nahm die Idee Konturen an. Erst zwei Jahre nach der Gründung stand die Band. Und auch erst da entschieden sich die Musiker für einen Gruppennamen: BAP, seit Jahren Wolfgang Niedeckens Spitzname.
Von wegen Traumkarriere über Nacht! Auch BAP blieb das harte Los vieler Vorstadt-Bands, die vom großen Erfolg träumen, nicht erspart. Niedecken und seine Kumpel spielten praktisch für ein Butterbrot vor 80 Unentwegten in irgendeinem Jugendheim,

Eines der ersten Fotos von BAP überhaupt, aufgenommen beim

Straßenfest in der Zwirnerstraße, 1978

Kellerkinder! Von links nach rechts: Wolfgang Klever (Bass), Fritz Kullmann (Sax), Bernd Odenthal (Keyboards), Wolfgang Niedecken (Vocals), Wolli Becker (Drums), Major Heuser (Gitarre), Schmal Boecker (Percussion)

freuten sich über jeden noch so kurzen Auftritt bei einem bedeutungslosen Nachwuchsfestival.
Wolfgang Niedecken erinnert sich: »Wir haben uns damals so manche Nacht um die Ohren geschlagen, weil wir die Plakate selbst kleben mußten. Und dabei durften wir uns ja auch nicht erwischen lassen.«

Propaganda im Individualstil (1987)

Stars zum Anfassen. Daran hat sich bis heute nichts geändert

Die erste Platte

Doch die Ochsentour zahlte sich langsam, aber sicher aus. BAPs Fan-Gemeinde wuchs mit jedem Tag. Und mit jedem neuen Fan wuchs auch das Selbstvertrauen der Band.
1978 wagten sich die Kölsch-Rocker erstmals in ein Tonstudio. Heraus kam die Debüt-LP »Wolfgang Niedecken's BAP rockt andere kölsche Leeder«. Ein Achtungserfolg – nicht mehr, aber auch nicht weniger. Und dennoch gab es zum erstenmal richtig Zoff in der Band. Gitarrist »Honce« Heres

hatte die Nase von der Tingelei gestrichen voll. Sein Studium war ihm wichtiger als die Musik, zumal er kurz vor dem Examen stand. Außerdem waren seine musikalischen Möglichkeiten eher begrenzt. So weinte dem Gitarristen Honce auch niemand eine Träne nach.
Wolfgang Niedecken kommentiert den Ausstieg diplomatisch: »Honce war schon nur noch sporadisch im Studio erschienen, als wir unsere Platte einspielten. Ansonsten war es schon schade, denn er war immer sowas

Fest verwurzelt! Köln, Kaiser-Wilhelm-Ring

wie die gute Grille der Band, ein guter Typ eben.«

Wie dem auch sei: Honce strich die Segel, also mußte ein neuer Gitarrist her. Bassist »Gröön« Klever hatte eine Idee. Der ehemalige BAP-Gitarrist, dessen heutige »Bühne« ein gesicherter Arbeitsplatz beim Finanzamt ist, machte Wolfgang und Schmal den Saiten-Akrobaten der Kölner Vorstadtband »Jennifer« schmackhaft.

Der Gute wäre auch um ein Haar engagiert worden, hätte Wolfgang Niedecken nicht vorher ausgerechnet auf der Toilette eine Bekanntschaft gemacht, die für die Zukunft von BAP entscheidend sein sollte.

Ein Major für BAP

Niedecken und Boecker wollten dem möglichen Honce-Nachfolger auf die Finger schauen. Also mischten sich die beiden »BAP-tisten« bei einem »Jennifer«-Auftritt im Kölner Musik-Club »Basement« unters Fan-Volk. Und der Auserkorene bestand die Prüfung auch. Doch bevor ihn Niedecken anheuern konnte, verspürte der BAP-Boß ein ganz menschliches Bedürfnis. Wolfgang verzog sich auf die Toilette.
An der Pinkel-Rinne wurde er plötzlich von einem Typ im schwarzen Anorak angespro-

chen: »Euren Gitarristen finde ich nicht besonders gut. Das könnte man viel besser machen.« Der Mann in Schwarz war Klaus Heuser, heute unter dem Künstlernamen »Major« ein Markenzeichen in der deutschen Musikszene. Er wußte damals noch nicht, daß der besagte BAP-Gitarrist Honce zu dem Zeitpunkt schon freiwillig den Dienst quittiert hatte.
Wolfgang Niedecken war jedenfalls überrascht, so von der Seite angemacht zu werden. Der Sänger erinnert sich an das erste

Meeting mit dem heutigen musikalischen Kopf seiner Band: »Der Typ nahm den Mund verdammt voll. Ich dachte mir, der haut aber ganz schön auf die Kacke. Und ich nahm ihn beim Wort. Ich redete erst gar nicht mehr mit dem Jennifer-Gitarristen, sondern bestellte Klaus am nächsten Morgen um zehn Uhr in meine Wohnung. Da standen mein alter Fender-Verstärker, meine geliebte Telecaster und außerdem noch eine akkustische Gitarre. Klaus und ich spielten gemeinsam unser BAP-Stück »Anna«. Und er interpretierte den Titel auf verschiedenste Arten, mal im Eric-Clapton-, mal im Dire-Straits-, mal im Jimi Hendrix-Stil. Schmal und ich waren schier von den Socken. Sowas hatten wir noch nicht gehört.«
So selbstbewußt der Leverkusener sich auch damals in der »Basement«-Toilette verkauft hatte, so ehrlich ist er heute: »Ich hatte ganz schön Schiß, mußte allen Mut zusammennehmen, um Wolfgang Niedekken überhaupt anzusprechen. Ich spielte damals zwar auch schon in einer Band, war

aber noch ein völliger Nobody. Wolfgang war immerhin schon eine lokale Größe und hatte auch schon eine Langspielplatte gemacht.«

Innerhalb kürzester Zeit hatte Klaus »Major« Heuser das gesamte BAP-Programm eingeprobt. Musikalisch verstanden sich Niedecken und Heuser auf Anhieb. Nur mit den kölschen Texten hatte der Leverkusener Schwierigkeiten. Major: »Inzwischen komme ich damit ganz gut klar, aber am Anfang verstand ich kaum ein Wort. Selbst auf der LP »Da Capo« gab es noch ein Wort, bei

dem ich völlig schief gelegen habe. Da war die Rede von ›Birch‹. Ich glaubte, daß würde Berg heißen. Die Platte war schon auf dem Markt, da erfuhr ich erst, daß ›Birch‹ Birke bedeutet.«
Im Frühjahr 1980 stand das neue Rock-Traumpaar erstmals gemeinsam auf der Bühne. BAP spielte in der »Goldenen Krone« in Darmstadt.
Ein Konzert, das beide nie vergessen werden. Unvergeßlich nicht nur, weil Major erstmals für die Kölner Band in die Saiten griff, unvergeßlich auch, weil es bei dem Konzert einen wirklich nicht alltäglichen Vorfall gab: Saxophonist Fritz Kullmann packte plötzlich während des Auftritts sein Instrument in den Koffer und verschwand auf Nimmerwiedersehen.
Niedecken schmunzelnd: »Er fühlte sich von Major, dem neuen Mann, an die Wand gespielt. Außerdem wurde ihm an jenem Abend wohl endgültig klar, daß sein geheimer Wunsch, aus BAP eine Jazz-Combo zu machen, nie in Erfüllung gehen würde.«

Neue Gesichter

Auch ohne den beleidigten Bläser Kullmann wurde der Auftritt ein voller Erfolg. Mit Major an der Gitarre bekam die Band noch einmal einen richtigen Schub. Doch mit dem Erfolg kamen auch neue Probleme.
Keyboarder Bernd Odenthal kündigte. Er wollte nicht ständig auf Achse sein. Heute ein Konzert in Koblenz, morgen ein Auftritt in Bielefeld. Das wurde ihm auf die Dauer zuviel.
Und auch Bassist »Gröön« Klever hatte das Touren satt. So mußten Niedecken und

Boecker abermals auf Musikersuche gehen. Doch sie wurden schnell fündig. »Steve« Borg, bis dahin Sound-Mixer bei Wolf Maahn, stieg als Baß-Mann ein und zupfte schon auf der zweiten BAP-LP »Affjetaut« die vier dicken Saiten. »Toningenieur« Hans »Fonz« Wollrath wurde außerdem zum vollwertigen Band-Mitglied befördert.
Die Personalprobleme waren gelöst, doch die Probleme mit der Plattenfirma blieben. Der Vertrieb beim kleinen Eigelstein-Label funktionierte nicht. Die beiden ersten BAP-LP's waren fast nur in den großen Plattenläden rund um den Dom zu haben, in den Vororten liefen sich die Fans dagegen vergeblich die Hacken ab.
Doch die Erfolge von BAP hatten nicht nur die Rock-Fans, sondern auch die Kölner Plattenfirma EMI Electrola aufhorchen lassen. Der Branchen-Riese bot der Gruppe einen Plattenvertrag an. Und die Band griff zu.

Alte Töne für eine neue Musik: Steve Borg

Effendi steigt ein

Für die erste Platte unter EMI-Herrschaft (»Für Uszeschnigge«) stellte BAP auch wieder einen hauptamtlichen Tasten-Mann ein: Alexander »Effendi« Büchel.
Major, sein alter Leverkusener Kumpel aus gemeinsamen Schülerband-Tagen, hatte sich für ihn starkgemacht. Heuser machte dem Schulfreund die Sache so schmackhaft, daß dieser sein Maschinenbaustudium sausen ließ, um fortan für BAP in die Tasten zu greifen.
1981 war BAP komplett. Die Erfolgsforma-

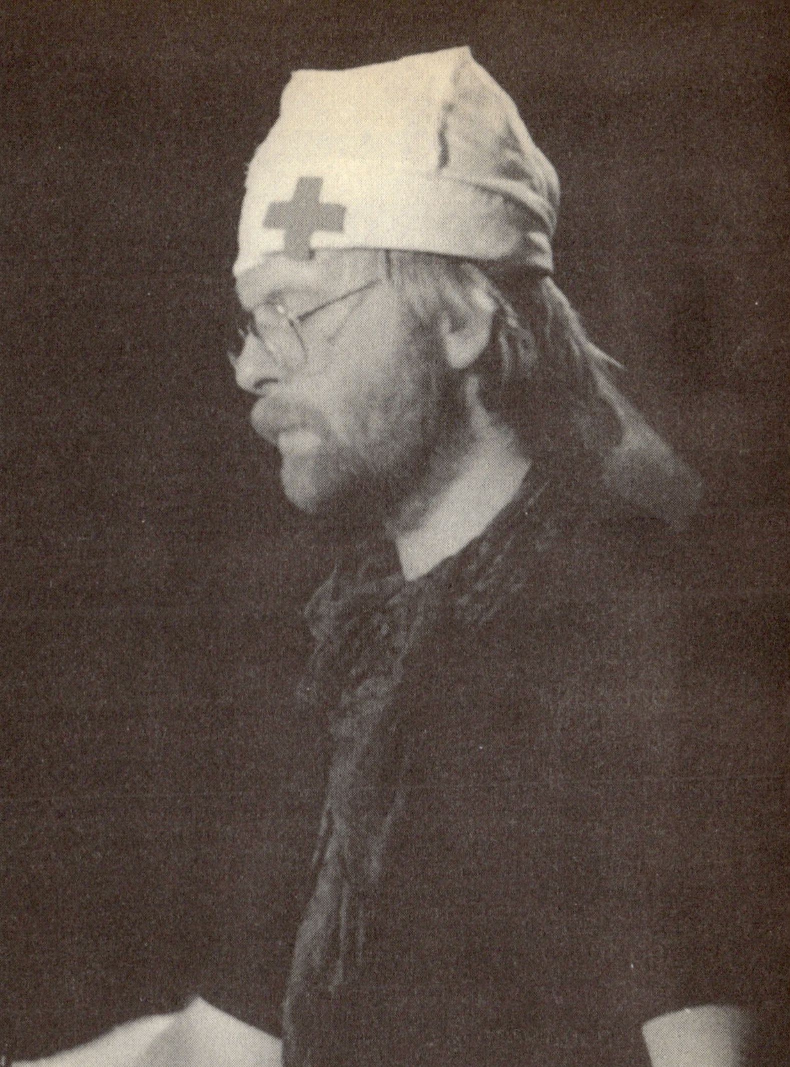

Der Effendi in Neu-Isenburg, 1983

Seit 1982 zieht er im Hintergrund die Fäden: Roland »Balou« Temme

tion stand, nur der Schemel hinter dem Schlagzeug wurde immer wieder mal frei ... Waren Niedecken & Co. bislang nur rund um den Kölner Dom Stars, eroberten sie jetzt das restliche Bundesgebiet im Sturm. Wo die Band auch auftrat, überall sorgte sie für Begeisterung. Inzwischen hatte die Gruppe auch einen hauptamtlichen wie schwergewichtigen Manager.

Mit bürgerlichem Namen heißt er Roland Temme. Aber unter diesem Namen kennen ihn höchstens seine engsten Angehörigen. In der Szene ist der gutmütige wie gewitzte Zwei-Zentner-Mann nur als »Balou«, der Bär, bekannt. Und wer Balou schon einmal bei einem BAP-Konzert hinter der Bühne tanzen sah, der weiß, warum er ausgerechnet diesen Spitznamen verpaßt bekam: Roland bewegt sich wie die tapsige Zeichentrickfigur aus dem Walt-Disney-Klassiker »Das Dschungelbuch«. Balou zieht sei 1982 die Fäden hinter den Kulissen von BAP.

BAP und die »Stones«

1982 – das war mit Sicherheit das Jahr des ganz großen Durchbruchs. Das erste BAP-Großereignis stieg am 10. Juni 1982. Die Kölner rockten in den Bonner Rheinwiesen für 300000 Anti-Nato-Gipfel-Demonstranten. Mit auf der Bühne stand der Künstler Joseph Beuys, Wolfgangs Freund und Kollege.
Am 4. und 5. Juli 1982 dann der vorläufige Höhepunkt: BAP spielten zweimal vor 60000 Fans im ausverkauften Köln-Müngersdorfer Stadion als Anheizer für die le-

Friedensdemo in Bonn, 1982: Sänger (und Maler) Niedecken mit Maler (und Sänger) Joseph Beuys

gendären »Rolling Stones«. Und die Kölner stahlen den millionenschweren Altstars sogar die Show. Während Peter Maffays Band, die andere Vorgruppe, gnadenlos ausgepfiffen und mit Tomaten beworfen wurde, wollten die Fans BAP gar nicht mehr von der Bühne lassen.
Wolfgang Niedecken schwärmt noch heute: »Das war schon ein dolles Ding. Für mich ging ein Traum in Erfüllung!« Seine schönste Erinnerung: ein Foto, das ihn gemeinsam mit seinem großen Idol Mick Jagger zeigt.

Vorbild und Freund: Wolfgang Niedecken und Mick Jagger

In der Folgezeit war BAP fast pausenlos auf Achse. Kaum eine deutsche Stadt mit größerer Halle, in der die rastlose Band nicht auf der Bühne stand. Und überall war die Hölle los. Aber die BAP-Erfolgskurve stieg in schwindelnde Höhen. Trotz des Tourstreß' fand die Gruppe noch genügend Zeit, erneut ins Studio zu gehen. Die LP »Vun drinne noh drusse« wurde eingespielt. Und dieses Album verdrängte prompt seinen Vorgänger »Für Uszeschnigge« vom ersten Platz der LP-Charts. Was bedeutete, daß BAP gleich die beiden ersten Plätze der Hitparade blockierte. Deutscher Rekord!
Selbstverständlich wurde der Plattenverkauf durch eine weitere BAP-Tournee angeheizt. Und wieder setzte die Band eine neue Marke. Beim großen Loreley-Festival trat sie als erste deutsche Formation in einer Eurovisions-Sendung des WDR-Rockpalastes auf. Millionen Rock-Fans in ganz Europa sahen und hörten BAP zum ersten Mal. Für die Musiker selbst war es ein denkwürdiger Auftritt.

BAP im Vorprogramm der Rolling Stones

Jan Dix für Wolli

Damit war der Weg für eine Europa-Tournee bereitet. BAP traten in Deutschland, Österreich, Belgien, Holland, Luxemburg und der Schweiz auf. Unterwegs gab's mal wieder Ärger mit dem Schlagzeuger. Wolli Boecker, Schmals Bruder, warf während der Tournee das Handtuch. Er packte seine Trommeln, Becken und Stöcke zusammen und trollte sich von dannen. Er stieg, wie es so schön heißt, »aufgrund persönlicher und musikalischer Differenzen aus.«
Doch zum Glück mußte die Tour nicht abge-

BAP mit Neuzugang Jan Dix (Mitte)

brochen werden. Der Kölner Drummer Jan Dix wurde eingeflogen, übernahm den »Staffelstab«. Er probte Tag und Nacht. Im schönen Kufstein trommelte er dann zum erstenmal für seine neue Band.

Ein Star auf Zeit

Einige Konzerte auf der Europa-Tour kamen so gut an, daß sie für die erste BAP-Live-LP mitgeschnitten wurden. »Bess demnäx« besetzte 1983 die Regale der Schallplattenläden. Die Kölner Mundart-Rocker hatten Blut geleckt. Jetzt wollten sie auch die DDR erobern.

Das war damals zu Zeiten Erich Honeckers gar nicht so einfach. Doch nach langem Hin und Her hatte Manager Balou eine Konzertreise durch 14 ostdeutsche Städte auf die Beine gestellt. Alles war bis ins Detail ge-

plant. Doch dann spielten BAP in der DDR nicht einen einzigen Ton. Und das lag daran, daß der Staatssicherheitsdienst ausgerechnet den Freiheits- und Gerechtigkeits-Apostel Wolfgang Niedecken zensieren wollte. Einige Textpassagen in dem bis dahin noch unveröffentlichten Song »Deshalv spille mer he« paßten den gestrengen SED-Herren nicht. Doch einen Niedecken bringt man nicht so einfach zum Schweigen. Der BAP-Boß pfiff auf schrille Mißtöne – und sagte die Tour kurzerhand ab.
Auch wenn der Rubel rollte, käuflich war BAP nie. Und das hat tiefen Eindruck auf die Fans gemacht. Ehrlichkeit und Mut zur Wahrheit, zwei Tugenden, die selbst in der Rock-Szene noch hoch angesehen sind. Bis heute ist BAP eine politische Band geblieben, eine Band, bei der die Texte keine leeren Worthülsen sind. Niemand wird bestreiten, daß das in erste Linie Wolfgang Niedeckens Verdienst ist. Wann immer sein Wort gefragt war, stand der Chef-BAP-tist in der ersten Reihe. Ob es nun gegen den

Soundcheck in der Kölner Sporthalle: Udo Lindenberg und Wolfgang Niedecken

Nato-Doppelbeschluß ging oder gegen die Wiederaufbereitungsanlage in Wackersdorf: BAP war dabei. Und wird wohl auch in Zukunft dabei sein.
1984 war eines der bewegtesten Jahre von BAP: Nicht allein deswegen, weil die neue LP »Zwesche Salzjebäck un Bier« wegging wie frischgezapftes Kölsch. BAP war auf dem Weg zur absoluten Nummer eins in Deutschland. Die Fans rannten der Band die Hallen ein. Über 500000 Zuschauer während der Deutschland-Tour. Da konnten verwöhnte englische Bands wie Spandau Ballet oder Duran Duran nur neidisch werden.
Aber auch diesmal kam die Gruppe nicht ohne Umbesetzung über die Runden. Allerdings war es nicht band-interner Ärger oder etwa Tour-Streß. Ein kurioser Unfall, über den so mancher schmunzeln mußte, setzte Bassist Steve Borg außer Gefecht: Er hatte sich beim Tragen eines Kölsch-Fasses einen Finger gebrochen. Mit dem Baßspielen war es für Wochen vorbei.

Zwei Kölner, die deutsche Rockgeschichte schrieben: Wolfgang Niedecken und Tommy Engel von den Bläck Föös

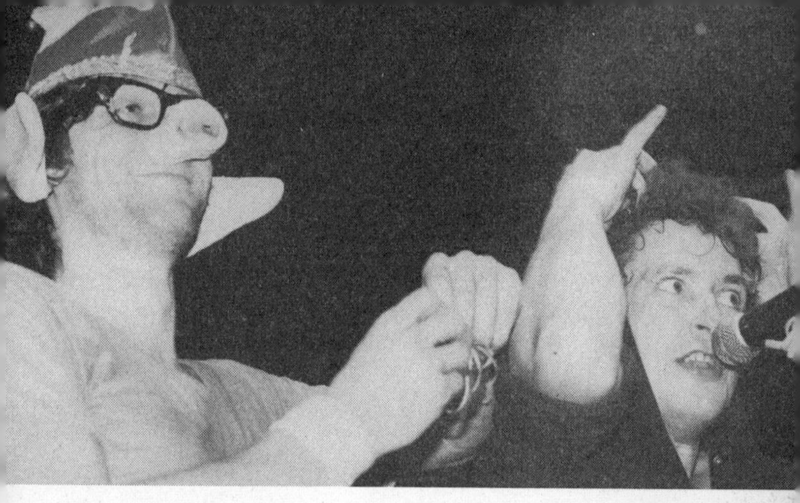

»... nit für kooche« – Schmal und Niedecken, 1984

Da BAP die Tour nicht abbrechen wollte und konnte, mußte ein Ersatzmann her. Niedekken & Co. brauchten nicht lange zu suchen. Wolfgang Niedecken erzählt schmunzelnd: »Plötzlich kam unser Roadie Axel Risch aus der Höhle. Er meinte rotzfrech: Ich kann Baß spielen, und eure Songs kann ich eh rückwärts spielen. Ich mach' das schon.« Und Axel hatte nicht übertrieben: Am nächsten Abend stand er mit der Band auf der Bühne. Aus einem Kabelträger war über Nacht ein Star geworden. Wenn auch nur auf Zeit.«

BAP und Böll

Niedecken, der Sänger, der Poet, der Macher, war längst auch außerhalb der Rock-Bühne zur Persönlichkeit gereift. Prominenz aus allen Sparten der Gesellschaft heftete sich gern an seine Fersen. Niedecken war plötzlich »in«. Hohe Politiker legten plötzlich Wert auf seine Meinung. Philosophen diskutierten mit ihm, dem salonfähig gewordenen Rock-Star, über Gott und die Welt.
Der WDR widmete Wolfgang Niedecken und dem inzwischen verstorbenen Friedensnobelpreisträger Heinrich Böll einen

Dokumentarfilm. Titel: »Kölner Erinnerung aus 40 Jahren«.
Und ohne den BAP-Kopf hätte es auch sicherlich das Benefiz-Projekt »Band für Afrika« nicht gegeben. Zumindest war er die Triebfeder. Immerhin schrieb er den Text für Herbert Grönemeyers Komposition »Nackt im Wind«.
Auch heute, aus einer gewissen Distanz, steht Niedecken noch voll und ganz hinter diesen Zeilen. Der Chef-BAP-tist nicht ohne Stolz: »Ich bin mit dem Titel und meinen Zeilen auch heute noch sehr zufrieden. Ich stehe auch nach wie vor hinter der ganzen Aktion.«
Aber Wolfgang Niedecken hält auch mit Kritik nicht hinter dem Berg: »Ich habe heute erhebliche Zweifel, daß es allen Sängern und Musikern, die damals mitgemacht haben, wirklich nur um die Sache ging.« Wie dem auch sei, Niedecken, der bei dem denkwürdigen »Band für Afrika«-Konzert auf der Kölner Domplatte selbst nicht dabei war, weil er gerade mit seiner Familie ver-

dienten Urlaub in Griechenland machte, ist selbst über jeden Zweifel erhaben. Ihm ging es nicht um Publicity, ihm ging es um die gute Tat, um ein Zeichen.
Der Stern von BAP stieg immer höher am Rock-Himmel. Unaufhaltsam. Und immer wieder wurden neue Dimensionen erreicht. Und daß Niedecken und Co. nicht nur selbst Stars, sondern auch noch Fans waren, bewiesen sie 1984 in der Frankfurter Festhalle. Dort traten sie zusammen mit der legendären, englischen Gruppe »The Kinks« auf. Klar, daß der kölsche Sänger mit seinem berühmten Kollegen und Idol Ray Davies so manches Mal über die Rock-Szene und die musikalische Entwicklung fachsimpelte.
Niedecken über Davies: »Ein Wahnsinnstyp, der mit seinen sozialkritischen, respektlosen Texten und seinen außergewöhnlichen musikalischen Ideen Rock-Geschichte geschrieben hat.«

Zerreißprobe

Deutschland lag BAP zu Füßen. Alles, was die Band anpackte, schien ein voller Erfolg zu werden. Aber daß man das Schicksal nicht herausfordern sollte, daß mußte auch die Kölner Gruppe erleben. Bislang hatten die Rocker vom Rhein ihre Platten praktisch in Eigenregie eingespielt. Nach dem Motto: »Wozu brauchen wir einen berühmten Produzenten – das können wir doch selbst.« Aber Erfolg kann süchtig machen.
Und so warf die Band plötzlich die alten Prinzipien über Bord. Nach einer demokrati-

schen Abstimmung innerhalb der Gruppe gab es plötzlich eine Mehrheit dafür, für die neue LP »Ahl Männer, aalglatt« einen echten Profi als Produzenten anzuheuern: Mack hieß der Macher am Mischpult. Er zog die Fäden, an denen die Band beinahe »erstickte«.

Schon bei der Abstimmung war klargeworden: Innerhalb der Gruppe gab es Grüppchen. Und auch die »melancholische Frohnatur« (Niedecken über Niedecken) erkannte, daß Demokratie innerhalb einer Band nicht unproblematisch ist. Immerhin gehörte der Boß bei der Abstimmung zu den 3:4-Verlierern.

Und Mack war nun alles andere als ein musikalischer Leisetreter. Zunächst stellte er BAP-Drummer Jan Dix den Schemel vor die Studiotür. Statt dessen trommelte er Deutschlands meistbeschäftigtes Schlagzeug-Genie Curt Cress herbei. Er schwang bei allen BAP-Nummern die Sticks. Jan Dix fühlte sich verständlicherweise in seiner Ehre gekränkt und stieg bei BAP aus. Womit

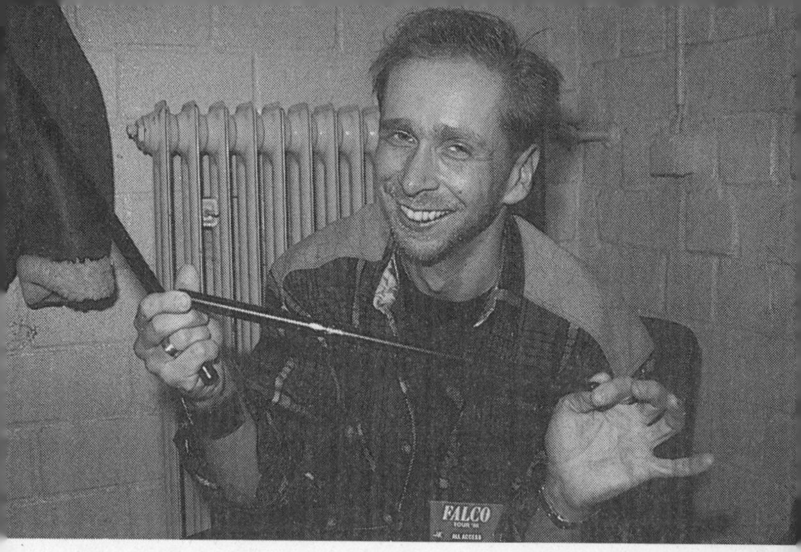

Einer der gefragtesten Studio-Drummer Europas: Curt Cress

die Band mal wieder ein Schlagzeuger-Problem hatte. Denn Curt Cress dachte nicht im Traum daran, auch mit BAP auf Tour zu gehen. Zudem wäre er viel zu teuer gewesen. Jan Dix ging – und Percussionist Schmal Boecker ging aus Sympathie gleich mit. Ein Glück für die Band, daß Boß Wolfgang Niedecken nicht nur ein passabler Sänger und ein genialer Texter ist, sondern auch als Psychologe Talent besitzt. Er konnte Schmal, seinen alten Kumpel, noch einmal zurückholen.

Und inzwischen gesteht der BAP-Kopf auch Fehler ein: »Ich hätte damals nicht so leicht nachgeben dürfen, sondern viel mehr für meine Überzeugung kämpfen müssen. Doch zum Glück konnte ich Schmal noch einmal umstimmen. Ich habe ihm klargemacht, wie wichtig er als Persönlichkeit für unsere Band ist.«
Auch bei Major Heuser, dem Komponisten und Gitarristen, hat die »Ahl Männer«-Studio-Zeit Spuren hinterlassen. Er weiß nur zu gut, daß die Zukunft der Gruppe BAP damals an einem seidenen Faden hing: »Das war unsere schlimmste Zeit. Da sind sogar Tränen geflossen.«
Aber zumindest hat die Gruppe Lehren aus dieser Zeit gezogen. Niedecken: »Wir standen damals vor dem Ende. Doch die Tatsache, daß wir diesen kritischen Punkt überwunden haben, stimmt mich optimistisch, daß die Band BAP noch lange bestehen wird.« Ein Spruch, der sicher wie Musik in den Ohren der BAP-Fans klingt.

Von Anfang an dabei: Schmal Boecker

Pete Kings kurze Karriere

Die BAP-Trennung konnte praktisch in letzter Sekunde verhindert werden, aber da war wieder das alte Problem – der leere Schemel hinter dem Schlagzeug. Und wieder mußten sich Wolfgang und Major auf die Suche machen. Denn Drummer gibt's nicht beim Arbeitsamt. Zum Glück hatte Produzent Mack einen guten Tip auf Lager. Er legte BAP den Engländer Pete King ans Herz, einen Vollblutmusiker.

Die Telefondrähte zwischen London und Köln liefen heiß. Ein paar Tage später stieg

der gute Pete in den Flieger – im Gepäck seine Drum-Sticks. Der nette Brite sprach kein einziges Wort deutsch, geschweige denn kölsch. Und trotzdem paßte er in die Gruppe wie der Dom nach Köln.
Alle waren von Pete begeistert, als Mensch und als Musiker. Trotzdem sollte sein Gastspiel nur ein knappes Jahr dauern: Pete King, der jungenhaft wirkende, drahtige Musiker, starb während einer Tour-Pause in seiner Heimat London elendig an Krebs. Wolfgang Niedecken, der Boß, beschreibt sein Verhältnis zu dem Mann am Schlagzeug eindrucksvoll und ehrlich in dem Song »Flüchtig«, dem letzten Stück auf der Erfolgs-LP »Da Capo«.
Hier ein paar Textauszüge: »Am 5.2. kam er an, mit der Nachmittagsmaschine aus London. Ein blasser Engländer in der Ankunftshalle von Köln-Wahn. Das muß er sein, das ist unser Trommler. Keiner wußte übermäßig viel vom anderen, es ist auch nie viel mehr geworden. Wenn man nicht aufpaßt, steht eine Sanduhr plötzlich still, und man

ist um seine Zeit betrogen … Flüchtige Hotelbars, flüchtiger Small talk, eine Menge Auftritte, das ist schon fast alles, was mir einfällt, dabei war mehr drin – typisch, das sage ich jetzt, wo mir etwas bei der Addition fehlt. Auf Chinas Bühnen habe ich oft an dich gedacht, du blasser Engländer, du Trommler. Es hätte dir dort gefallen, hättest – glaub' ich – oft gelacht, wie nur lacht, wer aus London ist.«

Wolfgang Niedecken heute über sein Verhältnis zum britischen Drummer: »Wir kannten uns wirklich nur flüchtig. Er war ein Kollege, aber noch kein Freund. Dazu war unsere gemeinsame Zeit einfach zu kurz. Eigentlich haben wir uns nur im Proberaum oder auf der Bühne getroffen. Und da war kaum Zeit für ein privates Wort. Außerdem fahren wir, wenn wir auf Tournee sind, immer in zwei Limousinen zur Halle. Und Pete saß immer im anderen Wagen. Aber eines sage ich klipp und klar: Pete wäre auf jeden Fall unser Drummer geblieben. Er paßte zu uns, paßte zu BAP.«

»Ein flüchtiger Freund«: BAP-Drummer Pete King († 1986)

Für Niedecken war Pete ein Mitspieler, ein Arbeitskollege. Doch für Major Heuser war der immer gutgelaunte Engländer ein echter Freund. Und das lag nicht zuletzt daran, daß King während seiner nur kurzen BAP-Mitgliedschaft bei Major und seiner Frau wohnte. Außerdem saßen die beiden bei den Fahrten zur Konzerthalle immer im gleichen Auto.

Major erinnert sich traurig an seinen Freund: »Ich war es ja, der den Pete vom Flughafen abgeholt hat. Unser Produzent Mack hatte den Drummer von der Insel empfohlen. Ich übersah den Jungen fast, so unscheinbar war er auf den ersten Blick. Pete sah überhaupt nicht wie ein Rock-Musiker aus, eher schon wie ein seriöser Bankangestellter. Ein kurzes Hallo. Dann stiegen wir in meinen Wagen. Unterwegs schob ich eine Cassette ins Autoradio. Und da hörte Pete zum erstenmal im Leben BAP. Er war von Anfang an begeistert, er wippte den Fuß im Takt der Musik und trommelte mit den Händen auf dem Armaturenbrett herum. Wir fuhren sofort zum Proberaum.«

Kaum 15 Minuten später war Pete festes Mitglied der Gruppe BAP. Er hatte die Prüfung mit Glanz und Gloria bestanden.

Pete kam, hörte, trommelte und siegte. Allerdings wartete auf den Einsteiger eine Menge Arbeit. Innerhalb weniger Tage mußte er das komplette Vier-Stunden-Programm einpauken. Denn die Tournee stand schon, die Termine mußten eingehalten werden. In Petes kurze BAP-Zeit fiel das Super-Konzert beim letzten WDR-Rockpalast in der Essener Grugahalle. 8000 Fans in der Halle, Millionen vor der Mattscheibe. Big Country und Jackson Browne hatten gegen die kölschen Jungs nicht den Hauch einer Chance.

BAP räumte ab. Und im Rausch legten Niedecken & Co. immer noch einen drauf. Fast fünf Stunden stand die Band auf der Bühne. Akkordarbeit im wahrsten Sinne des Wortes. Die neue Tour war wieder der reinste Triumphzug. Nach dem letzten Konzert verabschiedete sich BAP für längere Zeit von den Fans. Klar, daß auch diesmal wieder Trennungsgerüchte und Schauermärchen über unüberwindbare Differenzen innerhalb der Gruppe aufkeimten. Und da war es natürlich Wasser auf die Mühlen der Skeptiker und Berufs-Pessimisten, daß BAP-Boß Wolfgang Niedecken ausgerechnet in der Zeit seine erste Solo-LP aufnahm. Aber wann hätte er es sonst tun sollen?

Eine Besetzung, die länger hätte dauern sollen: Die Band mit Pete

King (hinten rechts) und Christian Schneider (Mitte)

Pete Kings Freund und Fürsprecher – Major Heuser

Pete King flog nach London zurück. Niemand ahnte zu dem Zeitpunkt, daß es ein Abschied für immer war und Pete nie wieder nach Deutschland, zu BAP, zurückkehren würde.
Major Heuser: »Wir verloren uns eigentlich nie so richtig aus den Augen. Bis zuletzt haben wir eigentlich ständig in telefonischem Kontakt gestanden. Dann bekam ich die Nachricht von seiner schweren Krankheit. Ich habe sie erst völlig falsch eingeschätzt. Pete faselte am Telefon etwas von Cancer. Ich verstand Bahnhof, kam nicht darauf, daß es das englische Wort für Krebs war. Pete versuchte mir die Krankheit auf englisch zu erklären. Er wirkte dabei so locker, als würde er über eine neue Trommel reden, die er sich gerade gekauft hat. Als ich endlich verstand, was Sache war, standen mir die Tränen in den Augen. Wie in Trance legte ich hinterher den Telefonhörer auf.«
Im Kreise von BAP hatte der Engländer nie über irgendwelche Beschwerden geklagt. Major nutzte den Urlaub von BAP für einen

Flug über den großen Teich. In Amerika wollte er den großen Gitarristen auf die Finger sehen, wollte sich über neue Sounds und Effekte informieren.
In den Staaten erreichte den Gitarristen auch die traurige Nachricht von Petes Tod. Seine Frau hatte ihn angerufen. Major redet auch heute nur ungern über den Tod seines Freundes: »Die Nachricht traf mich wie einen Stich ins Herz. Mir war klar, daß Pete nicht mehr zu retten war, daß er sterben würde. Meine Frau hatte ihn noch kurz vor seinem Tod in der Londoner Klinik besucht. Sie hatte mit eigenen Augen gesehen, wie sehr die heimtückische Krankheit Petes Körper zerstört hatte. Und trotzdem hat mich die Todesnachricht umgehauen. Ein Fünkchen Hoffnung hat man ja immer.«
Major setzte sich in die nächste Maschine und flog nach Köln zurück. Er fühlte sich plötzlich in Amerika zu allein. Kings Tod hatte in Major eine Veränderung bewirkt. Major Heuser: »Vorher hatte ich immer davon geträumt, überall auf der Welt zu Hause

zu sein. Doch auf einmal war mir klar geworden, daß jeder Mensch eine echte Heimat braucht. Und meine war eben Köln. Kaum zurück, suchte ich für meine Frau und mich eine neue, größere Wohnung. Ich wollte in Köln richtig seßhaft werden. Seit Pete tot ist, lebe ich viel bewußter.«

Mit »Complizen« auf Tour

Während die anderen eine musikalische Pause machten, war Niedecken selbst wieder voll in Aktion. Mit seiner zusammengewürfelten Band »Complizen« rockte er auf Festivals am Nürburgring, in Hamburg und in Deggendorf. Und sogar im mittelamerikanischen Staat Nicaragua gaben die »Complizen« ein Konzert. Kulturminister Ernesto Cardenahl höchstpersönlich hatte Niedecken eingeladen.

Zwischenspiel: Wolfgang Niedecken & Complizen auf Nicaragua-Tour – Von links nach rechts: Daniel Barrios (Dolmetscher), Jan Dix (Schlagzeug), Wolfgang Niedecken (Gesang und Gitarre), Frank Hocker (Gitarre), Axel Risch (Bass), Matthias Keul (Keyboards)

BAP in China

Allen Schwarzsehern zum Trotz stand BAP im September 1987 wieder gemeinsam auf der Bühne, und zwar in China. Durch Petes tragischen Tod war wieder einmal eine Umbesetzung am Schlagzeug nötig. Hinter der Schießbude saß jetzt Jürgen Zöller, ein alter Hase an den Stöcken. Jürgen hatte sich die letzten zwei Jahrzehnte regelrecht durchs Leben getrommelt – ein echter Profi. Zuletzt hatte er in der Band von Wolf Maahn den Takt angegeben.

Vor dem Abflug nach China – letzte Orientierung

Major über die Einstellung des neuen Drummers: »Nachdem der arme Pete tot war und Wolf seine Band aufgelöst hatte, gab's eigentlich gar keine lange Diskussion darüber, wer unser neuer Trommler sein würde. Jürgen fragte einfach: Wann fangen wir mit den Proben für die China-Tour an?«
Niemanden wird es überraschen, daß BAP mal wieder unter Zeitdruck stand. Aber die Mühen lohnten sich. Immerhin konnten die Kölner Rocker im Riesenreich der Mitte so

etwas wie Missionarsarbeit in Sachen Rock-Musik betreiben. Denn Rock-Musik ist in China noch heute so bekannt wie hierzulande der chinesische Verkehrsminister. Und dennoch strömten 120000 Asiaten zu den BAP-Konzerten in die Hallen.
Wolfgang Niedecken über das China-Abenteuer: »Diese Tour war eigentlich die touristischste aller unserer Konzertreisen ins Ausland. Es war schon eine komische Sache. Pop-Musik ist in China noch völlig unbekannt. Rod Stewart, Bruce Springsteen oder auch die Beatles kennt dort keine Sau. Um das Publikum nicht von vornherein zu erschrecken, haben die zuständigen Musikfunktionäre unseren gitarrenspielenden Major auf den Konzertplakaten durch eine Bläsersektion ersetzt. Das sah braver aus.«
BAP in China – da wurde auch der WDR hellhörig. Der Kölner Sender schickte ein Filmteam mit. Und die drehten und drehten. Heraus kam der Streifen »BAP in China«. Doch der Titel war reinster Etikettenschwindel. Denn in dem 45-Minuten-Beitrag sind

Fans in der ganzen Welt

BAP selbst ganze zehn Minuten zu sehen. Statt dessen ließen sich die Filmemacher über Bildungspolitik in China aus. BAP-Fans vor dem Fernseher verstanden die Welt nicht mehr. Niedecken & Co. glaubten nach ihrer Rückkehr, dieses riesige asiatische Land und seine Menschen besser verstehen zu können. Um so fassungsloser mußte die Band wenige Monate später am Fernseher die blutige Niederschlagung der Studenten-Revolte auf dem »Platz des himmlischen Friedens« in Peking miterleben. Und Niedecken bezog auch diesmal klar Stellung, prangerte die Greueltaten der chinesischen Führung an.

»Da Capo«

Im März 1988 ging Niedecken dann noch einmal fremd. Mit seinen »Complizen« trat er zweimal in Mosambik (Afrika) auf. Und wenn Niedecken reist, dann bringt er nicht nur Eindrücke, sondern auch neue Songs mit nach Hause. Stücke wie »Shanghai« oder »Sandino« sind unterwegs entstanden. Und auch hier wird deutlich, daß Wolfgang Niedecken bei weitem mehr als ein Rock-Sänger ist. Er verarbeitet in seinen Texte eigene Gefühle, übt Kritik, kämpft für die

Rechte der Hungernden und Unterdrückten. Der BAP-Boß, ein singender Menschenrechtler.
Dann aber konzentrierte sich Niedecken wieder auf seine Gruppe. Er und seine Musiker hatten sich wieder was zu sagen, sie waren heiß auf kölschen Rock. Klar, daß vor dem Spaß auf der Bühne wieder die harte Arbeit im Plattenstudio stand. Die Band traf sich im Brüsseler ICP-Studio, um die LP »Da Capo« einzuspielen. Aber warum in die Ferne schweifen, wenn es doch so viele gute Studios vor der Haustüre gibt? Major Heuser: »Wenn man relativ weit weg von zu Hause arbeitet, ist man einfach konzentrierter bei der Sache. Das ist wie bei einem Trainingslager der Sportler. Zu Hause wird man zu leicht abgelenkt. Da rufen Freunde an, die wollen einen zu einem Kölsch einladen, und da gibt es den ganz normalen alltäglichen privaten Ärger.«
Das »Auswärtsspiel« war übrigens nicht die einzige Premiere bei BAP, was die Studioarbeit angeht. Zum erstenmal kam Gitarrist

Major Heuser mit einem fertigen Demoband in der Tasche ans Mischpult. Die Songs hatte er in aller Ruhe zu Hause mit seinem 8-Spur-Home-Studio erarbeitet.
Wolfgang Niedecken war von Majors Hausarbeiten begeistert: »Ich hörte mir das Band ein paarmal an. Dann kannte ich die Melodieführung schon so genau, daß ich meine Texte in Maßarbeit schreiben konnte. Anschließend haben wir mit den übrigen BAP-Mitgliedern im Proberaum noch an den ein-

zelnen Songs gefeilt. Im Studio wußte dann jeder, was er zu spielen hatte.«

Was BAP-Fans sicher nicht überrascht: Die neue Platte wurde ein Riesen-Renner. »Da Capo« – die erfolgreichste Zugabe aller Zeiten. Am 30. August 1988 ließen Niedecken & Friends die Katze endlich aus dem Sack. Im Alten Kölner Wartesaal stellte die Band ihr neuestes Werk 700 geladenen Gästen vor. Und wer gedacht hatte, die brandneue Scheibe würde von einem Plattenspieler abgenudelt, der erlebte sein blaues BAP-Wunder. Plötzlich stand die komplette Gruppe auf der Bühne und rockte die gesamte LP live herunter. Besser kann man eine neue LP wohl nicht verkaufen. Im Wartesaal ging die Post ab. Und als BAP noch den alten Klassiker »Born to be wild« als Zulage gab, wakkelten die Wände. Gitarrist Major Heuser lächelte glücklich und zufrieden vor sich hin: »Das mit dem Live-Gig war eine ganz spontane Idee. Dabei konnten wir vor dem Auftritt nur ganze dreimal proben.« Es reichte, wie jeder hören konnte.

LP-Präsentation »Da Capo« 1988 im alten Kölner Wartesaal

Die neue Platte gab's zwar noch nicht in den Plattenläden, aber dennoch war sie bereits 290000 Mal verkauft – so viel Vorbestellungen lagen bei der EMI vor. Eine weitere Goldene Schallplatte war BAP also schon vor der offiziellen Veröffentlichung sicher.
Neue Platte, neue Tournee, Promotion-Tour. Pressekonferenz hier, Radio-Interview da, Fernsehauftritte dort. TV-Sonnyboy Thomas

Gottschalk war ganz heiß auf BAP. In seiner Show »Wetten, daß ...« stellten die Kölner ihre neue Single »Fortsetzung folgt« vor. Doch nach der Show blieb noch nicht einmal Zeit für ein gemeinsames Bierchen. Kaum war der letzte Ton verklungen, sprinteten die BAP-Musiker auch schon zu bereitstehenden Limousinen, dann wurden sie zum Stuttgarter Privatflughafen kutschiert. Dort wartete schon ein Lear jet, um Niedecken und Gefolge in den hohen Norden zu fliegen.

Verbeugung danach, »ausjelutsch' un fix un fädisch«!

Das »Werner-Rennen«

BAP war nämlich die Hauptattraktion beim legendären »Werner-Rennen« in Hartenholm. Vor 300 000 Fans zogen die Kölner einer Super-Show ab. Die Fans waren aus dem Häuschen. Vergessen war der Streß bei der Anreise, sämtliche Straßen waren hoffnungslos verstopft gewesen. Unzählige Helfer mußten Hunderte von falsch geparkten Autos aus dem Weg räumen, damit BAP überhaupt das Festivalgelände erreichen konnte.

»WERNER – DAS RENNEN« – Konzert in Hartenholm 1988

Die erfolgreichste Tour

Nach dem gigantischen Auftritt beim »Werner-Rennen« legte BAP noch einmal eine kurze Pause ein. Es war die Ruhe vor dem Sturm. Am 14. Oktober 1988 wurde es dann endgültig ernst. In Siegen starteten die Rheinländer ihre neue Deutschland-Tournee. Es sollte ihre bislang erfolgreichste werden. Dabei schien eine Steigerung eigentlich kaum noch möglich. 80 Konzerte, 80 restlos ausverkaufte Hallen. Und von Passau bis Kiel sangen die Fans die BAP-

Songs mit, als wären sie die Nationalhymne. 500 000 Tickets wurden verkauft. Absoluter Höhepunkt: das Abschlußkonzert in der Dortmunder Westfalenhalle. 15 000 Fans brannten Wunderkerzen ab, die größte Weihnachtsfeier aller Zeiten. Weit über vier Stunden lieferte die Band ein wahres Feuerwerk ab. Aber mit diesem Überstunden-Konzert machte sich BAP selbst das schönste Weihnachtsgeschenk.

Das Tourneeabschlußkonzert in Dortmund war eigentlich gar kein Abschlußkonzert. Denn BAP mußte nachsitzen, da zwei Konzerte ausgefallen waren. Wolfgangs Stimme hatte einfach nicht mehr mitgespielt. Beim Konzert in Münster mußte der Sänger schon nach 30 Minuten passen. Niedecken war schon mit starken Halsschmerzen auf die Bühne gegangen. Doch plötzlich bekam er keinen Ton mehr heraus. Wolfgang konnte sich nicht einmal mehr von den Fans verabschieden. Doch die Leute murrten und meckerten nicht, als ihnen über Mikro mitgeteilt wurde, daß das Konzert abgebrochen werden müsse. Doch BAP versprachen, wiederzukommen. Und die Band hielt Wort.

Auch wenn die BAP-Musiker inzwischen Großverdiener sind, als große Absahner kann man sie nicht bezeichnen. Denn welche Erfolgs-Band kann man sich schon für 21 Mark live anhören? Bei Tina Turner oder den Simple Minds kostet die Eintrittskarte mindestens das Doppelte.

Wolfgang Niedecken zu den humanen BAP-Eintritts-Preisen: »Wir sparen einfach an der Produktion. Ohne dabei allerdings auf die Marke ›billig‹ zu setzen. Aber wir betreiben nicht den Wahnsinnsaufwand wie viele andere. Wir wollen keine Materialschlachten. Unsere Maxime ist: Wir machen es so, wie wir es gerne auch von anderen hätten. Dabei wissen wir natürlich ganz genau, daß unsere Fans auch ohne Klagen zehn Mark mehr pro Konzertkarte hinblättern würden. Aber das nutzen wir nicht aus.«

Idealismus hin, Idealismus her – trotzdem spielt das Geld natürlich auch bei BAP eine

Steve Borg darf auch mal …

große Rolle. Und wie wird das eingespielte Geld innerhalb der Band verteilt?
Wolfgang Niedecken nimmt auch bei diesem heiklen Thema kein Blatt vor den Mund: »Die Auftrittskohle wird unter allen Vollmitgliedern der Band aufgeteilt. Das Geld für die Texte kriege ich, das für die Musik der Komponist, also in den meisten Fällen der Major. Früher haben wir die Musik-Tantiemen generell unter den anderen aufgeteilt. Das ist aber, wie wir feststellen mußten, auf die Dauer ungerecht. Denn es gibt ja in jeder Band Mitglieder, die zwischen Tourneen und Studio einfach den Arsch nicht hochkriegen. Und für die müssen wir uns denselben dann mitaufreißen, während die vielleicht sogar noch einträglicheren Nebengeschäften nachgehen, sprich Produzentenjobs oder Engagements als Gast- und Studiomusiker.«

Die Rußland-Tour

1989 war ein ganz wichtiges Jahr für BAP. Die Gruppe feierte ihr zehnjähriges Band-Jubiläum. Aber nicht nur deshalb wird dieses Jahr in die BAP-Annalen eingehen. Zu einer Zeit, in der von Glasnost und Perestrojka nur geredet wurde und niemand so recht wußte, was Gorbatschow eigentlich damit meinte, spielten die Kölsch-Rocker schon in der UdSSR. Sechs Konzerte in Moskau und Wolgograd. BAP erlebte hautnah, wie im Ostblock so etwas wie Sehnsucht nach Freiheit aufkeimte.

Rußland war nicht nur wegen der politischen Hintergründe absolutes Neuland für BAP. Zu Hause wurde die Band überall gefeiert. An der Wolga waren Niedecken & Co. so unbekannt wie Kiwis und Mangos. Deshalb mußte sich die Gruppe mit einer Rolle abfinden, die sie schon Jahre nicht mehr gespielt hatte – die als Vorgruppe. Die russische JAZZ-Rockgruppe »Brigade S« war der Haupt-Act. Und BAP mußte sich jeden leisesten Applaus hart erkämpfen. Wie gut der contra-westliche Propagandaapparat des Kremls damals noch arbeitete, mag folgendes Beispiel verdeutlichen: Im Parteiorgan Prawda wurde BAP als agitierende Politband angekündigt. Prompt gaben 400 junge Russen ihre Eintrittskarten zurück. Von Schlagworten des Klassenkampfes haben offenbar auch die Jugendlichen in der UdSSR seit langem die Nase voll. Niedecken: »Die Leute bekamen doch jahrzehntelang irgendwelche leeren Phrasen vorgesetzt. Die sind schlicht und ergreifend politmüde.«

Ein Triumphzug war die Rußland-Tour nicht, allenfalls ein Achtungserfolg. Und was die finanzielle Seite angeht, mußte BAP sogar noch draufzahlen. Immerhin kostete der ganze Spaß runde 250000 Mark. Aber das war der Gruppe die Sache wert. Schließlich kann es die Band an ihre Fahnen heften, in einer Zeit des politischen Umbruchs ihren Teil zur Völkerverständigung zwischen Ost und West beigetragen zu haben. Und die eindrucksvollen Erinnerungen sind in Geld nicht aufzuwiegen.

Eine Szene wird Wolfgang Niedecken nie im Leben vergessen: »Vor zehn Jahren habe ich den Song ›Jupp‹ geschrieben, der von Stalingrad nie etwas gehört haben wollte. Und plötzlich stehst du da auf der Bühne und singst diesen Song. Da bekam ich eine tierische Gänsehaut.«

Eben dieser Jupp ist keine Kunstfigur, den gab es wirklich. Jupp war Zahnarzt, ein Mann, der Erfolg hatte und mitten im Leben stand. Doch nach mehreren Schicksalsschlägen verlor er den Halt, er stürzte immer

39

Moskau – Wolfgang Niedecken mit dem Sänger der Gruppe Brigade S

tiefer, landete schließlich in der Gosse. Zuletzt lebte er im Kölner Pennermilieu. Anfang 1990 starb er auf einer Parkbank.
Wolfgang Niedecken wird Jupp nie vergessen und auch nicht den Auftritt in Moskau. BAP stand gemeinsam mit der UdSSR-Band »Brigade S« auf der Bühne und spielte John Lennons Hymne »Imagine«. 6000 Russen sangen mit. Ein ergreifender Augenblick.

Wieder zurück am Dom, zog der BAP-Boß seine Bilanz der Rußland-Tournee: »Ich glaube, daß wir eine Brücke schlagen konnten und mehr erreicht haben als die Politiker, die ja uns Künstler so gern als ihre Botschafter vereinnahmen. Sind wir erfolgreich, schmückt man sich mit uns. Sind wir aber aufsässig, läßt man uns fallen. Kulturpolitik gilt doch allzuhäufig als Fortsetzung der Politik mit anderen Mitteln. Als Künstler müssen wir dagegen Einspruch erheben. Wir treten ja nicht wie die Fußball-National-Elf mit Flagge und Hymne an. Wir singen unsere Lieder. Und wir wollen zeigen, daß wir uns mit dem Land auseinandersetzen. Wir haben Sorgen und Ängste, wir stellen Fragen, und wir suchen Antworten. Das ist viel bescheidener, aber gleichzeitig auch viel mehr.«

Konzert ohne Grenzen

1989 ist BAP noch einmal allgegenwärtig. Die Kölner spielen bei großen Festivals, räumen noch einmal kräftig ab. Doch dann haben sie fürs erste die Nase voll von der Bühne. Urlaub ist angesagt, eine kreative Pause.

Die Entwicklung im Osten, besonders in der DDR, hat auch einen so politisch interessierten Ost-West-Diplomaten wie Wolfgang Niedecken überrascht. Doch als es hieß, für die Fans im Osten aufzutreten, waren Wolfgang Niedecken & Co. direkt zur Stelle.

Drei Tage nach der Öffnung der Mauer spielten Whiskey-Reibeisen-Stimme Joe Cocker und BAP in der Berliner Deutschlandhalle. Eine denkwürdige Stunde, ein eindrucksvolles Konzert. West- und ostdeutsche BAP-Fans lagen sich in den Armen.
Sie bekamen kaum mit, daß hinter dem Schlagzeug ein bekannter »Fremder« saß: Bertram Engel, früher Drummer bei Udo Lindenberg und Peter Maffay.
Er war für seinen Freund Jürgen Zöller eingesprungen. Der BAP-Drummer hatte sich im Krankenhaus einen Tumor aus dem Arm schneiden lassen müssen. Die Operation verlief komplikationslos, die Geschwulst war gutartig. Doch zu Hause schlug das Schicksal dann wieder zu: Ausgerechnet beim Ausziehen des Pullovers brach sich Jürgen Zöller den Arm.
Es gab 1990 auch ein freudiges Ereignis in der großen BAP-Familie. Effendi Büchel wurde Papa. Seine hübsche Frau Uschi brachte ausgerechnet am Karnevalssonntag einen Sohn zur Welt. Felix heißt der

Wolfgang Niedecken spielt ein Solo – der Major staunt nicht schlecht

Glückliche. Doch kaum hatte sich der gute Tastenmann an seine Vaterrolle gewöhnt, da hieß es auch schon wieder, abschiednehmen von Ehefrau und Filius. Ende Juli 1990 begannen im Brüsseler ICP-Studio die Aufnahmen zur neuen BAP-LP »X für e' U«. »Ein X für ein U« läßt sich die Kölner Erfolgsband schon lange nicht mehr vormachen. Und man muß kein großer Optimist sein um vorauszusagen, daß auch diese Scheibe ein Riesen-Renner wird.

War die letzte Platte, »Da Capo«, noch so etwas wie ein musikalischer Alleingang vom Major – der Gitarrist hatte alle Titel komponiert – versuchten sich diesmal auch alle anderen BAP-Mitglieder als Songschreiber. Mit 14 fertigen Stücken im Gepäck fuhren Niedecken, Heuser & Co. nach Belgien. Zwei Drittel davon stammten allerdings immer noch aus der Feder von Hitschreiber Major, der im letzten Jahr sogar auch einmal für seine Musikerfreunde von »Bläck Föös« zum Notenpapier gegriffen hatte.
Im Studio hatten die Südstadt-Rocker dann die Qual der Wahl. Denn nur zehn Stücke haben Platz auf der neuen Platte. Heuser: »Aber wie immer haben wir uns auch diesmal geeinigt und persönliche Eitelkeiten hintangestellt.«
BAP und kein Ende! Oder doch? Wolfgang Niedecken: »Sicher wird sich die Band eines Tages mal auflösen. Aber im Moment sehe ich da noch keine Tendenz. Im Gegenteil. Nachdem wir den Streit bei den Aufnahmen zu ›Ahl Männer‹ unbeschadet über-

standen haben, kann uns nichts mehr schocken.«

Soviel steht jedenfalls fest: »X für e' U« wird mit Sicherheit nicht die letzte BAP-LP sein. Und die nächste Tournee kommt bestimmt ...

Wolfgang Niedecken

Wolfgang Niedecken ist der Kopf von BAP. Ohne ihn gäbe es die Band nicht. BAP ist sein Kind. Sicherlich haben auch andere Musiker, besonders »Major« Heuser, großen Anteil am Erfolg der Kölner Südstadt-Band. Aber ohne Niedecken wäre die Gruppe tot. Er ist der Denker, der Lenker. Er krempelt sein Innerstes nach außen, verarbeitet seine intimsten Gefühle in seinen autobiographischen Texten. Er ist unumstritten das Aushängeschild.

Ein Poet, der etwas mitzuteilen hat

Und wie sieht es der Meister selbst? Niedecken: »Ich kann nur über etwas schreiben, was ich selbst zumindest ansatzweise durchlebt habe.« Er ist kein Mann für Auftragsarbeiten, kein poetischer Wellenreiter – so nach dem Motto: ›Jetzt wäre mal ein Song über den Katholikentag angesagt.‹ Seine kleinen Geschichten sammelt er im Vorbeigehen auf, auf den kleinen Südstadtstraßen oder auch auf Reisen ins Ausland. Wolfgang Niedecken, ein Mann, ein Mu-

siker, der mit offenen Augen durch die Welt läuft. Ihm entgeht nichts. Nicht der Penner, der auf der Parkbank sitzt und von seinen besseren Zeiten philosophiert, nicht der überhebliche Neureiche von nebenan.
Niedecken tritt auch Politikern ohne Rücksicht auf Partei und Amt ins Hinterteil. Er sagt seine Meinung frech und frei heraus, selbst wenn seine Freunde darüber manchmal nur den Kopf schütteln können. Er hob schon mahnend seinen Zeigefinger (»Kristallnaach«), als noch kein Demoskop die Rechtsradikalen oder die Republikaner auf seiner Rechnung hatte.
Aber der Riesenerfolg, der nachhaltige Eindruck, den seine Texte und der Geradeaus-Rock seiner Band bei einer breiten Masse hinterließ – all das hat den Ober-BAP selbst überrascht. Wolfgang Niedecken hat die Zeiten noch nicht vergessen, als er für einen Apfel und ein Ei auftreten mußte und die Gage noch nicht einmal die Druckkosten für die Plakate deckte.
Und das ist gerade zehn Jahre her. Wolf-

gang: »Schon phänomenal, was sich in der relativ kurzen Zeit getan hat. Da fährst du nach Basel, fragst nach dem Weg zur Halle, keiner versteht dich. Und dann stehst du eine Stunde später auf der Bühne, und die Kids singen jeden deiner Texte, Wort für Wort, mit. Und dabei ist die Platte gerade drei Tage auf dem Markt.«

BAP – das war schon in jungen Jahren Wolfgang Niedeckens Spitzname. BAP ist auch eine ironische Anspielung auf das äußerst gespannte Verhältnis, das er zu seinem Vater, einem Südstadt-Lebensmittelhändler, hatte.

Dennoch erinnert sich Niedecken ohne große Ressentiments an seine Jugend: »Als Kind habe ich meinen Vater über alles geliebt. Da hing ich ewig mit ihm zusammen. Probleme miteinander bekamen wir erst, als ich in die Pubertät kam. Da fing ich an, mich an meinem Vater zu reiben. Mich störte, daß er keine Zivilcourage besaß. Er machte auf mich plötzlich den Eindruck, als wäre er zeitlebens ein Waschlappen gewesen. Aber

vielleicht war er auch nur ein ehrlicher Mann, der nie den Helden herauskehren wollte. Andererseits hat er immer dazu gestanden, daß er in der Nazi-Zeit Parteimitglied war, was so mancher aus seiner Generation zeitlebens verdrängt hat. Jedenfalls haben wir uns unheimlich gefetzt. Auf mich wirkte er damals wie ein Opportunist. Er hat beispielsweise nie verstanden, daß Muhammed Ali 1968 den Kriegsdienst verweigerte und damit das Ende seiner Boxkarriere in Kauf nahm. Mein Vater war sicher nicht schlimmer als massenhaft andere Väter. Aber er war zu der Zeit wohl einfach ungeschickt, hatte nichts, was mir in dieser Phase in irgendeiner Weise imponieren konnte.«

Mag das Verhältnis noch so schlecht gewesen sein, Wolfgang hat seinem Vater, der 1980 an den Folgen einer Hepatitis verstarb, den ersten großen Hit zu verdanken. In »Verdamp lang her« (1981) beschreibt Niedecken eindrucksvoll und ehrlich das gespaltene Verhältnis zu seinem Vater.

Wolfgang Niedecken wurde am 30. März 1951 in der Kölner Südstadt geboren. Zunächst besuchte er die Grundschule Zwirnerstraße, anschließend schickte ihn sein Vater in das Pallotinerorden-Internat in der Nähe von Bonn.
Seine schulische Karriere war im Vergleich zu seiner später folgenden musikalischen Laufbahn eher ein Flop. Der aufmüpfige Teenager flog vor dem Abitur von der Schule. Ärgert sich der BAP-Vordenker heute, daß er das Reifezeugnis nicht geschafft hat?
Wolfgang Niedecken: »Das stört mich überhaupt nicht. Ich war damals der Ausgeflippte vom Dienst, hatte, nachdem das Internat geschlossen worden war, als einziger Pennäler im strengkatholischen Rheinbach eine sturmfreie Bude. Das war vielen Paukern ein Dorn im Auge. Ich bin dann von der Schule geflogen, weil ich zweimal in der Unterprima hängenblieb. Aber ich hatte großes Schwein, weil ich auch ohne Abitur das erreichte, was ich wollte. Ich konnte an

der Kölner Fachhochschule für bildende Kunst studieren. Das war ein Jahr später ohne Abi nicht mehr möglich.«
Rockmusik interessierte Bob-Dylan-Fan Niedecken zu der Zeit so sehr wie der Wetterbericht in Ghana. Er sah seine Zukunft in der Malerei. Und da er auf keinen Fall auf zwei Hochzeiten tanzen wollte und konnte, verscherbelte er seinen Verstärker aus guten alten Schülerband-Zeiten.
1974 machte Wolfgang Niedecken einen Abstecher nach New York, schaute dem Künstler Larry Rivers auf die begnadeten Finger.
Wieder zurück, veranstaltete Wolfgang mit Manfred »Schmal« Boecker, den er auf der Kunsthochschule kennengelernt hatte, die Ausstellungen »Tagesbilder« und »Wunschbilder«. Kunstexperten wollten in Niedeckens Werken Einflüsse von Magritte, Lichtenstein, Marcel Broodhaers und Rauschenberg erkannt haben.
Doch mehr und mehr fuhr das Kölner Multitalent schließlich auf Rockmusik ab. Nie-

Niedecken privat – in seinem Atelier

decken, der seinen Ersatzdienst beim Paritätischen Wohlfahrtsverband ableistete, schnappte sich immer häufiger die Gitarre, trat alleine auf.
1976 schufen die beiden Freunde Wolfgang Niedecken und Schmal Boecker dann ihr erfolgreichstes »Werk«: Sie gründeten die Gruppe BAP. Am 13. Mai 1978 war der erste Auftritt.
Wolfgang Niedecken paßt ganz und gar nicht in das Klischee eines gefeierten Rockstars. Da denkt man zwangsläufig an Sportwagen, Traumvillen mit Swimmingpool, an Badewannen voll Champagner und natürlich an jede Menge süßer Groupies, die dem gestreßten Sonnyboy die tristen Stunden des Musiker-Alltags verschönen.
Wolfgang, längst Millionär, hat sich auf den ersten Blick kaum verändert. Er trägt weiter seine verwaschenen Jeans und seine schwarzen oder blauen Baumwollhemden. Und doch ist er sich selbst gegenüber ehrlich genug: »Sicher hat sich auch in meinem Leben was geändert. Früher mußte ich mir

Sorgen machen, ob mein klappriges Auto morgens noch ansprang. Ich hatte ja kein Geld, mir ein neues zu kaufen. Das kann ich mir heute leisten. Ich sehe nicht ein, warum immer gerade die Rockmusiker ein Ersatzleben für andere führen sollen. Heute gehen doch Leute, die eine gutgehende Arztpraxis haben, in ein Konzert von Bob Dylan und regen sich auf, weil der zwei Chorsängerinnen hat. Ich gebe zu, daß ich gerne Geld verdiene. Und ich schäme mich deswegen auch nicht.«

Aber so ist es nun mal: Auch bei Freunden und Bekannten hat sich natürlich längst herumgesprochen, daß Wolfgang Niedecken über ein dickes Bankkonto verfügt. Und da wird der spendable und menschenfreundliche Südstadt-Poet natürlich von allen Seiten angepumpt.

Aber auch seine Großzügigkeit hat da inzwischen Grenzen. Wie heißt es doch so schön: Gebranntes Kind scheut das Feuer. Wolfgang: »In Zukunft verhalte ich mich in dieser Sache hoffentlich klüger als in der Vergangenheit. Ich habe nämlich enorme Rückstände. Heute weiß ich, daß man Freunde verlieren kann, wenn man Leuten Geld leiht. Da gibt es Typen, die hätten inzwischen die Kohle, um sie mir zurückzugeben. Aber sie tun's nicht, weil sie meinen, der hat doch genug. Und dann muß man denen mit einem Anwalt auf den Pelz rücken. Das ist doch Scheiße.«

Auch wenn er genau das Gegenteil von einem verwöhnten Glitzerknaben des Showbiz' ist – ein Los teilt er mit vielen Stars aus der Musik-Branche: Seine Ehe ist kaputt. Sie existiert nur noch auf dem Papier. Wolfgang und Carmen, mit der er seit 1983 verheiratet ist und mit der er die niedlichen Söhne Severin (5) und Robin (3) hat, leben getrennt – getrennt durch eine Straße. Niedecken wohnt wieder in seinem alten Atelier, in dem seine Kunstwerke entstanden, in dem er seine schönsten Song-Texte schuf. Hier schrieb er auch viele Texte über seine Liebe zu Carmen.

Wolfgang gesteht mit Wehmut in der

Ein Intellektueller im Rock-Geschäft

Stimme: »Unsere Ehe ist an meinem Beruf gescheitert. Wir haben uns immer mehr auseinandergelebt. Carmen hatte sich total auf mein Leben einstellen müssen, für ihr eigenes Leben blieben da keine Freiräume mehr. In meinem Job darf man wahrscheinlich nicht heiraten. Ich werde das wohl auch keiner zweiten Frau mehr zumuten.«
Schon auf seiner letzten LP »Da Capo« deutete Wolfgang Niedecken versteckt an, daß er seine Ehe für gescheitert hält, aber auch, daß er Carmen nie im Stich lassen wird. Auch wenn sein Herz jetzt für eine bildschöne Fotografin schlägt …
In der romantischen Ballade »Dat däät jòot« singt er: »Auch wenn ich oft nicht mit mir einig bin, wenn ich nächtelang im Bett steh'; mich frage: Hat das eigentlich noch Sinn? Irgendwann wirst auch du geh'n. Mich frage: Finden wir noch für uns statt? War das alles? Oder haben wir uns lange satt? Dabei weiß ich wirklich nicht, wem – außer dir – ich vertrauen könnte, eins ist sicher: du bist mein Freund, mein bester Freund …«

Wolfgang, ein Intellektueller in der Rock-Szene. Welche Personen der Zeitgeschichte würde er, wenn es die berühmte »Zeitmaschine« wirklich gäbe, unbedingt kennenlernen wollen? Niedecken: »Gandhi, Sandino und auch Lenin. Aber nicht nur auf ein Bier. Die würde ich gern mal ausgiebig kennenlernen, über einen längeren Zeitraum erleben, inklusive ihrer Schwächen.«
Der BAP-Kopf, der einen Riesenbogen um jede Art von Drogen macht und inzwischen auch die Finger vom Alkohol läßt (»Auf dem Gebiet war ich früher ein Experte«), genoß im Internat eine strengkatholische Erziehung.
Heute geht er auf Distanz zur Kirche, ist sogar ausgetreten: »Nach dem letzten Papstbesuch in Köln habe ich mir gedacht, das mußt du ja nicht noch unterstützen. Die Kohle kannst du anderweitig verwenden.« Also dürfte der große Realist eigentlich auch nicht an ein Leben nach dem Tod glauben? Aber bei dem Punkt wird Wolfgang sehr nachdenklich: »Nachdem ich vom ka-

tholischen Internat ’runter war, habe ich mich bemüht, an nichts Übersinnliches mehr zu glauben. Aber das gelingt mir nicht immer. Es gibt halt Situationen, in denen man ins Grübeln kommt.«

Ein politischer Mensch ist er nun wirklich, der »BAP-Chefideologe«, weiß auch ganz genau, was er machen würde, wenn er ein Jahr lang als Bundeskanzler die Richtlinien der Politik in der Bundesrepublik bestimmen könnte: »Abrüstung wäre für mich der Schwerpunkt schlechthin. Ich würde mir einen Weg aus der Nato überlegen. Zudem wäre mir das Verursacherprinzip beim Umweltschutz sehr, sehr wichtig.«

Die Frage ist so alt wie die Rockmusik selbst: Kann Musik, können Rockstars die Welt verändern? Niedecken, der seine Sympathie für die Grünen nie verhehlte, gibt sich in dem Punkt keinen Illusionen hin: »Man kann höchstens einen kleinen Denkanstoß geben, kann vielleicht hier und da das Leben durch Musik lebenswerter machen. Mehr aber auch nicht ...«

Klaus »Major« Heuser

Wolfgang Niedecken ist der Kopf der Gruppe BAP, Klaus »Major« Heuser das musikalische Herz. Seit der zweiten BAP-LP »Affjetaut« fungiert der talentierte Gitarrist als »Kapellmeister« der Kölner Band. Und mit ihm kam der Erfolg, der Durchbruch. Immerhin schrieb der 33jährige auch die meisten BAP-Hits.

Seinen längst zum Markenzeichen gewordenen Spitznamen »Major« verdankt der ehemalige Student und Tanzmusiker übri-

gens einem band-internen Quiz. Preisfrage: Wie heißt der Vorgesetzte von Major Nelson – gespielt vom heutigen J.R.-Darsteller Larry Hagman – in der TV-Serie »Bezaubernde Jeannie«? Keiner kannte die Antwort. Nur Gitarrist Heuser, der damals noch auf den Allerweltsnamen Klaus hörte.
Der Name des Majors lag Klaus Heuser förmlich auf der Zunge. Doch es dauerte sechs Stunden, bis er ihn endlich »ausspuken« konnte: »Der Boß von Major Nelson

heißt Major Healy.« Und schon hatte er seinen Spitznamen weg.
Wolfgang und Major sind zwei grundverschiedene Typen.
Wolfgang, der Denker, der politisch engagierte Kämpfer für mehr Gerechtigkeit, der Intellektuelle, der Künstler, der sich in Kunstausstellungen zu Hause fühlt.
Auf der anderen Seite Major, der nette, immer freundliche Junge von nebenan, der Vollblutmusiker, der in jeder freien Minute an neuen Songs und neuen Sounds tüftelt, der in einer finanziellen Notsituation zehnmal eher sein Auto als seine 30 heißgeliebten Gitarren verkaufen würde und der samstags viel lieber ein Bundesligaspiel von Bayer Leverkusen besucht, als sich in irgendeiner Galerie zu langweilen.
Dabei ist der bodenständige Major auch ein ganz heller Kopf. Nach dem Abitur auf der PH in Köln studierte er einige Semester Musik und Germanistik: »Ich nehme auch für mich in Anspruch, ein politischer Mensch zu sein, aber ich bin kein großer Agitator. Ich

habe meine feste Meinung, aber mein Mitteilungsbedürfnis ist nicht allzu groß in dieser Beziehung.«

Trotz der total verschiedenen privaten Interessen – die Chemie stimmt zwischen den zweieiigen BAP-Zwillingen. Und das liegt sicher nicht daran, daß Major quasi unter dem Bayerkreuz in Leverkusen aufwuchs. Major, der mit Udo Lindenberg den Hang zum Hut gemeinsam hat und nicht weniger als 15 solcher schmückenden Kopfbedekkungen besitzt, erblickte am 27.1.1957 das Licht der Welt.

Obwohl Köln nur ein Katzensprung von Leverkusen entfernt ist, blieb »Kölsch« für den Rheinländer eigentlich bis heute eine Fremdsprache.

Wolfgangs kölsche Texte kommen Major sogar heute manchmal noch spanisch vor. Dabei wohnt er inzwischen selbst in der Kölner Südstadt. Major: »Das hat natürlich abgefärbt. Inzwischen verstehe ich fast alles. Aber kölsch reden werde ich nie können.«

Der alte Stones-Fan hat inzwischen sein

musikalisches Spektrum von Prince bis hin zu Grönemeyer erweitert. Früher rockte er in diversen Schülerbands. Das war anfangs brotlose Kunst. Um »Kohle« zu machen, stieg Klaus in eine Tanzkapelle ein. Freitags, samstags Auftritte bei Betriebsfesten, runden Geburtstagen, goldenen Hochzeiten, Jubiläen. Fünf Stunden am Stück »Ententanz«, Wiener Walzer und »La Paloma«. Gute Laune zu verbreiten kann eine todernste Sache sein. Aber was tut man nicht alles, wenn man »Kohle« braucht ...
Doch eines Tages gingen Major die Schnulzen-Evergreens restlos auf die Nerven. Er gründete seine eigene Rockband: ›Ensem-ble‹. An den Tasten mischte ein alter Bekannter mit: der heutige BAP-Keyboarder Effendi Büchel. Damals glaubten beide im Traum nicht daran, daß sie irgendwann mal Seite an Seite in Deutschlands erfolgreichster Rockband spielen würden – bei BAP.
Nicht nur seine Gitarre – seit Jahren stimmt alles im Leben von Major. Als Berufsmusiker

ging er in die deutsche Rockgeschichte ein, und auch privat lacht ihm das Glück. Klaus Heuser ist seit fünf Jahren mit der hübschen Marion, einer Archäologie-Studentin, verheiratet. Groupies sind seither chancenlos. Major: »Die registriere ich gar nicht mehr.« Sein privates Glück wäre endgültig perfekt, würde endlich mal der Klapperstorch bei den Heusers anklopfen. Major und Marion wünschen sich sehnlichst Kinder. Der sympathische BAP-Gitarrist: »Leider hat es bis jetzt noch nicht geklappt, aber ich bin ja auch so oft unterwegs. Schon seit eineinhalb Jahren tun wir nichts mehr, um eine Schwangerschaft zu verhüten. Ich bin auch sicher, daß es von der Natur nicht so geplant war, daß die Menschen selbst darüber entscheiden können, wann sie Kinder bekommen und wann nicht. Meine Frau und ich sind jedenfalls alt genug. Und finanziell geht es uns auch nicht schlecht.«
Major Heuser ist ein Typ, den sich jeder zum Freund wünscht. Zuverlässig wie eine Schweizer Präzisionsuhr, immer gut ge-

launt, immer freundlich. Selbst der Autogrammjäger, der ihn nachts um drei Uhr aus dem Bett wirft, hat gute Chancen, seine Unterschrift zu bekommen.
Major sagt von sich selbst: »Wenn Leute bei anderen drei Chancen kriegen, bekommen sie bei mir zehn. Aber danach ist auch bei mir endgültig Schluß. Wenn einer für mich gestorben ist, dann ist wirklich Feierabend. Dann läuft nichts mehr.«
Was hat den gutmütigen BAP-Gitarristen in den letzten Jahren mal richtig in Rage gebracht? Major muß lange überlegen, aber dann funkeln plötzlich seine Augen: »Ich war unheimlich sauer darüber, als die gleichen Leute, die Boris Becker nach den ersten Wimbledon-Siegen hochjubelten und feierten, ihn wenig später wegen ein paar Niederlagen total niedermachten. Eine solche Ungerechtigkeit macht mich sauer. Über dieses Thema habe ich in Südstadt-Kneipen Abende lang mit hochrotem Kopf diskutiert.«
Wolfgang Niedeckens Texte sind sehr per-

sönlich, hat Major da nicht manchmal Probleme, sich hinter die autobiographischen Zeilen zu stellen? Major ganz offen: »Sicher kommt das vor. Aus diesem Grunde gibt es ja auch Wolfgangs Solo-LP ›Schlagzeiten‹. Aber oft ist es doch so, daß man ein Stück von sich selbst in den Erlebnissen und Gefühlen eines anderen wiedererkennt. Und das ergeht mir bei Wolfgangs Texten oft so.« Und geht Major Heuser selbst auch mit der Idee schwanger, eine Solo-Platte zu machen? Der BAP-Kapellmeister: »Theoretisch kann ich mir das schon vorstellen, praktisch nicht. Aus dem einfachen Grund: die besten Stücke würde ich ohnehin für BAP reservieren, und mit den weniger guten Titeln eine Solo-Platte aufzunehmen, das wäre doch Schwachsinn ...«

Manfred »Schmal« Boecker

Mit dem Pinsel oder dem Bleistift ist er schon fast 20 Jahre ein gefragter Künstler, als Musiker mußte er lange um die Anerkennung kämpfen. Dabei gehört der Percussionist zum BAP-Urgestein. Schließlich war es Manfred »Schmal« Boecker, der die Band zusammen mit Wolfgang Niedecken gründete.

Der heute 37jährige lief Wolfgang Niedekken auf der Kölner Kunsthochschule über den Weg. Seither sind Schmal und der BAP-

Boß dicke Freunde. Eine echte Männerfreundschaft, die auch in schweren BAP-Zeiten hielt.
In der Band zeichnet Kunststudent Boecker für das große weite Feld der Percussion verantwortlich. Daß er inzwischen nicht nur exzellent mit den Drum-Sticks umgehen kann, sondern auch das Malen noch nicht verlernt hat, bewies Schmal mehr als eindrucksvoll: Er schuf das Cover der vorletzten BAP-LP »Da Capo«.

Schmal ist ein freundlicher, immer ruhiger Vertreter, der sich nie in den Vordergrund spielt. Für einen Paukenschlag sorgte der Percussionist eigentlich nur einmal, als er nämlich 1986 während der Aufnahmen zur LP »Ahl Männer, aalglatt« seine Drum-Sticks in die Studioecke warf und ausstieg. Zum Glück für die Gruppe konnte Wolfgang Niedecken seinen alten Freund und Weggefährten zur Rückkehr in den Schoß der BAP-Familie überreden.

Inzwischen ist Schmal längst kein musikalischer Schmalhans mehr. Neben seiner präzisen Percussionarbeit glänzt Boecker neuerdings auf der Bühne sogar auch als Saxophonist. Und er versteht sich mittlerweile blind mit Drummer Jürgen Zöller.

Roland »Balou« Temme

Roland Temme steht in seinem Paß. Doch selbst seine besten Freunde würden verständnislos den Kopf schütteln, würde ihnen dieser Name genannt. In Kölner Musikerkreisen, und weit darüber hinaus, ist Roland nur als »Balou« bekannt. Da stand eine berühmte Walt-Disney-Figur aus dem »Dschungelbuch« Pate. Balou, das ist mittlerweile längst zum Markenzeichen geworden. Seit 1982 ist der schwergewichtige 36jährige Manager bei BAP. Er zieht hinter

den Kulissen die Fäden. Tapsig sind nur seine Bewegungen, im Oberstübchen ist er unglaublich beweglich. Balou, ein bärenstarker Typ.

Immerhin muß der Beinahe-Lehrer, nicht nur was die »Kohle« angeht, für die restlichen BAP-tisten mitdenken. Boß Wolfgang Niedecken wird zwar fast pausenlos von der Muse geküßt, zu Zahlen hat er aber, was übrigens auf viele seiner nationalen und internationalen Musiker-Kollegen zutrifft, ein

äußerst gestörtes Verhältnis. Aber dafür hat er ja Balou, die 115-Kilo-Rechenmaschine auf zwei Beinen.
Der BAP-Manager tüftelt Tournee-Pläne aus, feilscht mit den Veranstaltern um die Gagen, holt bei Verhandlungen mit der Plattenfirma immer noch ein Prozent mehr für seine Jungs heraus.
Dabei hat er selbst noch nicht einmal einen schriftlichen Vertrag mit BAP. Also eine Abmachung per Handschlag? Balou: »Noch nicht einmal ...« Braucht er auch nicht. Denn Balou hat soviel Selbstbewußtsein, daß er ganz genau weiß: ohne ihn läuft gar nichts.
Und wie kam der sympathische Koloß, der schon jede erdenkliche Diät ausprobiert hat, zu BAP? Balou: »Ich war 1982 vom Veranstalter Peter Rieger über Nacht zum Manager der »Für Uszeschnigge«-Tour befördert worden. Okay, habe ich gedacht, warum nicht. Dabei fuhr ich damals überhaupt nicht auf die Musik von BAP ab. Im Stuttgarter Hotel lernten wir uns dann per-

sönlich kennen. Und es war dann wirklich Liebe auf den ersten Blick. Gleich am nächsten Tag fragte mich Wolfgang, ob ich nicht Lust hätte, das Management der Gruppe, die noch am Anfang ihrer Karriere stand, zu übernehmen.«
Ein Angebot, das Balou sehr interessierte. Aber er war viel zu schlau, sofort zuzusagen. Und zudem war er schon damals eine treue Seele. Roland Temme: »Ich stand noch bei Peter Rieger im Wort. Aber schon bald darauf hatten wir einen Riesenkrach. Da habe ich gesagt: ›Mach meine Papiere fertig, ich gehe.‹ Ich rief bei Wolfgang an und fragte: ›Wollt ihr mich immer noch?‹ Und Wolfgang wollte. Seitdem regiert Balou in dem modern eingerichteten, mit Computer zugepflasterten Südstadt-Büro. Balou – Gramm für Gramm ein Erfolgsmensch.

Stefan »Steve« Borg

Gegen ihn ist der immer teilnahmslos wirkende Rolling-Stones-Bassist Bill Wyman der temperamentvollste Bühnen-Teufel. Steve Borg, der BAP-Baßmann, scheint das Rampenlicht zu scheuen. Er hält sich lieber im Bühnenhintergrund auf. Die Show läßt er andere abziehen.

Trotzdem ist er so gut wie unersetzlich für die Band. Zuverlässig wie das Uhrwerk von »Big Ben« zupft er seinen Baß. Stefan »Steve« Borg (35), der Mann mit dem Pfer-

deschwanz und dem Jesus-Bart, ist bei BAP der ruhende Pol, der Fels in der Brandung. Nichts kann ihn aus der Ruhe bringen.
Nicht nur als Musiker auf der Bühne, auch hinter den Kulissen sind seine Besonnenheit, seine Sachlichkeit und sein Weitblick gefragt.
Bei Vertragsverhandlungen und gruppeninternen Diskussionen wiegt sein Wort oft zentnerschwer. Manager Balou über den ausgeglichenen Musiker: »Steves Urteil

wird von allen Band-Mitgliedern hoch bewertet.«
Bevor er sich den Baß für BAP umschnallte, saß Steve am Mischpult des erfolgreichen Kölner Rock-Musikers, Produzenten und Band-Leaders Wolf Maahn.
Steve hat seinen Job übrigens von der Pike auf erlernt. Er besitzt etwas, von dem viele seiner Rock-Kumpels nur träumen können – eine klassische Musikausbildung. Er hat Cello gelernt, gibt heute sogar noch ab und zu Unterricht.
Seine Fans verwöhnte Steve noch auf der »Da Capo«-Tour mit einigen »Streich-Einheiten« auf dem Cello. Beim BAP-Klassiker »Jupp« streichelte Borg so gefühlvoll die Saiten, daß viele Fans eine Gänsehaut bekamen. Keine Frage: auch am Cello hat BAP-Bassist Steve Borg den Bogen raus.

Alexander »Effendi« Büchel

Eigentlich würde sich Alexander »Effendi« Büchel (33) heute als Maschinenbau-Ingenieur in irgendeinem Büro den Hintern plattsitzen. Denn der Leverkusener war fest entschlossen, einen »anständigen« Beruf zu erlernen.

Daß es anders kam, lag daran, daß Major Heuser seinen Freund aus gemeinsamen Tagen bei der Schülerband »Ensemble« nicht vergessen hatte.

1981 drückte BAP plötzlich der Schuh, der

alte Tasten-Mann war ausgestiegen, ein neuer sollte her. Da schlug Major seinen alten Kumpel vor, den er für einige Zeit völlig aus den Augen verloren hatte. Kein Wunder: »Alexander, der Blonde« war nämlich für mehrere Monate nach Ägypten ausgewandert, um als Maschinenbau-Student ein Praktikum zu absolvieren.
Noch heute zieht der BAP-Organist sämtliche Register, wenn er wie ein orientalischer Märchenerzähler seine Erlebnisse im Land

der Pyramiden und Pharaonen schildert. Das hat ihm schließlich auch den Spitznamen »Effendi« eingebrockt.
Der BAP-Keyboarder, der auffällige Hemden über alles liebt, ist seit fünf Jahren ein braver Ehemann. Seine Uschi achtet schon darauf, daß der BAP-Organist bei den Groupies nicht sämtliche Register zieht.

Jürgen »Jürgens« Zöller

Als »Fellgerber« ist er schon mehr als 20 Jahre ein echter Profi. Nicht wenige behaupten, Jürgen Zöller wäre schon mit der Trommel in der Hand geboren worden. Er ist ein Vollblut-Drummer mit einem »unheimlichen Bumms«, wie Musiker sagen.
Jürgen ist mit 40 Jahren nicht nur der älteste BAP-Musiker, er hat auch die meiste Erfahrung. Seit 1963 bearbeitet er die Trommelfelle – und das im doppelten Sinne. Zöller grinsend: »Was sollte ich auch anderes ma-

chen, ich habe ja nichts anderes gelernt.«
Der Kölner schwang die Stöcke bei Supermax, für die österreichischen Barden Wolfgang Ambros, Fendrich und Ludwig Hirsch. Zuletzt hämmerte er für Wolf Maahns »Deserteure«.
Zöller sollte eigentlich schon viel früher für BAP wirbeln, aber Jürgen wollte die Deserteure nicht im Stich lassen. Als dann Pete King gestorben war und Wolf Maahn seine Band aufgelöst hatte, setzte sich Jürgen dann doch noch für BAP auf den Schemel.
Major Heuser: »Wir haben gar nicht groß verhandelt, die Sache war einfach klar ...«
Im Gegensatz zu seinem Vorgänger Pete King ist Jürgen Zöller allerdings kein Vollmitglied der Band.
Wolfgang Niedecken: »Er wird von uns bezahlt. Und das ist wohl fair so. Schließlich haben wir die ganze Aufbauarbeit geleistet. Er hat ja schon zu Zeiten, als wir noch keine Kohle verdienten, in erstklassigen Bands gespielt. Wenn wir ihn damals gefragt hätten: ›Willst du nicht bei uns einsteigen, wir

Der Älteste: Jürgens Zöller

spielen morgen im katholischen Jugendheim soundso‹, hätte er mich gefragt, ob ich wahnsinnig wäre ...« So ändern sich die Zeiten ...

Hans »Fonz« Wollrath

Er ist Vollmitglied bei BAP, lächelt von jedem Cover-Foto, kassiert die gleiche Gage wie Wolfgang Niedecken oder Major Heuser – doch auf der Bühne ist er nie zu sehen. Hans »Fonz« Wollraths »Bühne« ist das riesige Mischpult. Der 35jährige, der sich seinen Spitznamen verdiente, weil er einen gewissen Arthuro Fonzarello aus einer amerikanischen Soap-Opera so gut parodieren kann, ist der Mixer bei BAP. Der Mann mit dem Super-Ohr sorgt für den richtigen BAP-Sound.

Wolfgang Niedecken ist ein echter Wollrath-Fan: »Der Fonz kriegt jede Anlage in den Griff. Und die Hallen können von der Akustik her noch so beschissen sein, unser Fonz bekommt auch da noch einen transparenten Sound hin …«

Christian »Kalau« Keul

Früher war er nur der große Spaßvogel und Sprücheklopfer, heute ist Christian »Kalau« Keul eine feste Größe bei BAP. Schließlich gibt es kaum ein Instrument, das »Keule« nicht wenigstens ansatzweise spielen kann. Dabei hatte der Benjamin (29) der großen BAP-Familie als kleiner Roadie angefangen. Inzwischen hat sich das immer gut aufgelegte Multitalent bis auf die Bühne hochgearbeitet.

Mal spielt er Gitarre, mal Saxophon, mal

Trompete. Und dazu hat er auch noch eine tolle Stimme. Das beweist er mehr als eindrucksvoll beim Steppenwolf-Klassiker »Born To Be Wild«.
Kalau ersetzt mit seiner »Super-Röhre« gut und gerne drei Chorsängerinnen.

Blondie

Sie heißt Blondie. Doch die Lady ist nicht etwa eine Backgroundsängerin. Und obwohl Blondie immer mit von der Partie ist, gehört sie doch nicht mit zur Band. Blondie, die niedliche Promenaden-Mischung, pfeift auch auf Ruhm und Geld. Sie ist happy, wenn sie nur in der Nähe von Herrchen Wolfgang Niedecken sein darf.
Blondie schnüffelt seit sechs Jahren im Show-Geschäft herum. Sie ist immer dabei, ob im Studio, bei TV-Shows, bei Empfängen in Nobel-Hotels, hinter der Bühne. Nur wenn Herrchen mit dem Flugzeug durch die

Welt jettet, muß Blondie zu Hause bleiben. Denn dann müßte sie im Frachtraum mitreisen. Wolfgang Niedecken: »Minge Hung ess doch keine Koffer!«
Und wie ist der Sänger von BAP auf den Hund gekommen? Wolfgang: »Schmal und ich hatten eine gemeinsame Wohnung. Und wir waren damals stolze Besitzer eines Katers. ›Erwin‹ starb mit acht Jahren. Er wurde vergiftet. Wir waren todtraurig. Und wir wußten genau, daß wir einen solchen Kater nie wieder bekommen würden. Also beschlossen wir, uns einen Hund zuzulegen. Wir malten uns unseren Traumhund so richtig aus: groß, schwarz. Mit diesen Vorstellungen im Hinterkopf sind wir ins Tierheim gegangen. Aber wir kamen nur bis zum ersten Zwinger. Da saß Blondie, guckte uns mit großen Augen an. Da nahmen wir sie gleich mit. Den Namen fanden wir zwar nicht gerade genial, aber sie hörte nun einmal darauf, da war nichts mehr dran zu ändern.«
Blondie bedankt sich auf ihre Art: Sie ist mit Abstand der treueste BAP-Fan …

Discographie

1. Wolfgang Niedeckens »BAP ... rockt andere kölsche Leeder« (1979)«

Titel:
1. Das große Schu-bi-du 2. Stell dir vüür 3. Sinnflut 4. Liebesleed 5. Et neuste Testament 6. Neppes, Ihrefeld un Kreuzberg 7. Alptraum eines Opportunisten 8. Hang on Sloopy 9. Wahnsinn

Besetzung:
Wolfgang Niedecken (Gesang), Manfred »Schmal« Boecker (Percussion), Wolfgang »Wolli« Boecker (Schlagzeug), Wolfgang »Gröön« Klever (Baß), Hans »Honce« Heres (Gitarre), Bernd Odenthal (Keyboards).

Gast: Büdi Siebert (Saxophon).

2. »Affjetaut« (1980)

Titel:

1. Ne schöne Jrooß 2. Wat ess? 3. Stollwerck-Leed 4. Anna 5. Häng de Fahn eruss 6. Helfe kann dir keiner 7. Ruut-wieß-blau querjestriefte Frau 8. Vun mir uss Kitsch 9. Kumm op ming Sick 10. Pardong

Besetzung:

Wolfgang Niedecken (Gesang), Klaus »Major« Heuser (Gitarre), Schmal Boecker (Percussion), Wolli Boecker (Schlagzeug), Steve Borg (Baß), Hans »Fonz« Wollrath (Sounds).

Gäste: Matthias Keul (Keyboards) und Büdi Siebert (Saxophon).

3. »Für Uszeschnigge« (1981)

Titel:
1. Verdamp lang her 2. Südstadt verzäll nix 3. Jraaduss 4. Waschsalon 5. Jupp 6. Frau, ich freu mich 7. Müsli-Män 8. Fuhl ahm Strand 9. Ens em Vertraue 10. Wo mer endlich Sommer hann

Besetzung:
Wolfgang Niedecken (Gesang), Major Heuser (Gitarre), Schmal Boecker (Percussion), Steve Borg (Baß), Wolli Boecker (Schlagzeug), Alexander »Effendi« Büchel (Keyboards), Fonz Wollrath (Sounds).

Gast: Georg Mayr (Saxophon).

4. »Vun drinne noh drusse« (1982)

Titel:
1. Kristallnaach 2. Wellenreiter 3. Zehnter Juni 4. Wie 'ne Stein 5. Do kanns zaubere 6. Nit für Kooche 1 & 2 7. Ahn 'ner Leitplank 8. Wenn et Bedde sich lohne däät 9. Eins für Carmen und en Insel 10. Koot vüür Aach

Besetzung:
Wolfgang Niedecken (Gesang), Major Heuser (Gitarre), Schmal Boecker (Percussion), Steve Borg (Baß), Wolli Boecker (Schlagzeug), Effendi Büchel (Keyboards), Fonz Wollrath (Sounds).

Gäste: Ina Deter, Marianne Langfeldt, Birgitta van der Most, Gunne Wagner (Chorgesang), Never-Doubt-Again-Quartett (Streicher).

5. »Bess demnähs« live (1983)

Titel:
1. Wenn et Bedde sich lohne däät 2. Ne schöne Jrooß 3. Eins für Carmen und en Insel 4. Do kanns zaubere 5. Zehnter Juni 6. Su 'ne Morje 7. Helfe kann dir keiner 8. Verdamp lang her 9. Frau, ich freu mich 10. Weißte noch? 11. Kristallnaach 12. Nemm mich mit 13. Ahn 'ner Leitplank 14. Waschsalon 15. Liebesleed 16. Stell dir vüür 17. Et letzte Leed 18. Hundertmohl

Besetzung:
Wolfgang Niedecken (Gesang), Major Heuser (Gitarre), Schmal Boecker (Percussion), Steve Borg (Baß), Effendi Büchel (Keyboards), Jan Dix (Schlagzeug), Fonz Wollrath (Sounds).

Gast: Christian »Kalau« Keul.

6. »Zwesche Salzjebäck un Bier« (1984)

Titel:
1. Bahnhofskino 2. Drei Wünsch frei 3. Diss Naach ess alles drin 4. Sendeschluß 5. Alexandra, nit nur do 6. Jojo 7. Zofall un e janz klei' bessje Glöck 8. Deshalv spille mer he 9. Schloof Jung, schloof joot

Besetzung:
Wolfgang Niedecken (Gesang), Major Heuser (Gitarre), Schmal Boecker (Percussion), Steve Borg (Baß), Effendi Büchel (Keyboards), Jan Dix (Schlagzeug), Fonz Wollrath (Sounds).

Gäste: Peter Bursch (Banjo & Gitarre), Georg Mayr (Saxophon), Mic Oechsner (Geige), Günther Schönberger (Saxophon), Markus Stockhausen (Trompete).

7. »Ahl Männer, aalglatt« (1986)

Titel:
1. Ahl Männer, aalglatt 2. Endlich allein 3. Lisa 4. Globus 5. Breef ahn üch zwei 6. Bunte Trümmer 7. Time Is Cash, Time Is Money 8. Halt mich fest 9. Almanya

Besetzung:
Wolfgang Niedecken (Gesang), Major Heuser (Gitarre), Effendi Büchel (Keyboards), Steve Borg (Baß), Schmal Boecker (Percussion), Jan Dix (Schlagzeug), Fonz Wollrath (Sounds).

Gast: Curt Cress (Schlagzeug).

8. Wolfgang Niedecken & Complizen: »Schlagzeiten« (1987)

Titel:
1. Nie met Aljebra 2. Leechterkette 3. Vatter 4. Für 'ne Fründ 5. Maat et joot 6. Will 7. Gröön en Platania 8. Landplooch 9. Neuleed

Besetzung:
Wolfgang Niedecken (Gesang), Schmal Boecker (Percussion), Jan Dix (Schlagzeug), Mattes Keul (Keyboards), Kalau Keul (Gesang), Axel Risch (Baß), Dominik von Senger (Gitarre).

Gäste: Julian Dawson (Harfe), Frank Gratowski (Saxophon), Christian Schneider (Saxophon), Wolfgang Schubert (Saxophon), Rainer Winterschladen (Trompete), Klaus von Wrochem (Geige), Paul Kuhn (Piano), Tommy Engel, Anne Haigis, Frank Hocker, Wolf Maahn, Renate Otta, Erry Stoklosa, Die Toten Hosen, Jürgen Zeltinger (Background-Gesang).

9. »Da Capo« (1988)

Titel:
1. Stadt im Niemandsland 2. Fortsetzung folgt 3. Shanghai 4. Op dä Deckel vum Clown 5. Rääts un links vum Bahndamm 6. Sandino 7. Dat däät joot 8. Saison der Container 9. Flüchtig

Besetzung:
Wolfgang Niedecken (Gesang), Major Heuser (Gitarre), Schmal Boecker (Percussion), Steve Borg (Baß), Effendi Büchel (Keyboards), Jürgen »Jürgens« Zöller (Schlagzeug), Fonz Wollrath (Sounds).

10. »X für e' U« (1990)

Besetzung:
Wolfgang Niedecken (Gesang), Major Heuser (Gitarre), Schmal Boecker (Percussion), Steve Borg (Baß), Effendi Büchel (Keyboards), Jürgen Zöller (Schlagzeug), Fonz Wollrath (Sounds).

Bildnachweis:

Wolfgang Niedecken/BAP: S. 5, 10, 15, 16/17, 18, 19, 23, 33, 35, 39, 40/41, 45, 49, 51, 54/55, 59, 65, 70, 75, 77, 79, 83, 97, 107, 109, 111, 122, 125, 155, 159, 172; Tafeln I, II, III/IV, VI/VII
Manfred Becker: S. 13, 29, 36, 61, 119, 135
Hubertus v. Böslager: S. 43
J. v. Czarnowski: Tafel V
Fryderyk Gabowicz: S. 132, 143, 147; Tafel V
Tina Galen: S. 99
Gert Hoogeboom: S. 27, 93, 136, 144, Tafel VIII
Mario Kamps: S. 68/69
Amely Müller: S. 65
Jens Niering: S. 103
Okapia-Bildarchiv: S. 157
Frank Piotrowski: S. 20/21
Ali Ritter: S. 115
Achim Scheidemann: S. 85, 87, 89, 139
Frank Weihs: S. 24